Heidelore Kluge
Hildegard von Bingen – Pflanzen- und Kräuterkunde

Hildegard von Bingen
Heidelore Kluge

Pflanzen- und Kräuterkunde

MOEWIG

Hinweis: Die Ratschläge und Empfehlungen dieses Buches wurden von Autor und Verlag nach bestem Wissen und Gewissen erarbeitet und sorgfältig geprüft. Dennoch kann eine Garantie nicht übernommen werden. Eine Haftung des Autors, des Verlags oder seiner Beauftragten für Personen-, Sach- oder Vermögensschäden ist ausgeschlossen. In allen medizinischen Fragen ist der Rat des Arztes maßgebend.

Originalausgabe
© by VPM Verlagsunion Pabel Moewig KG, Rastatt
Alle Rechte vorbehalten
Printed in Germany 1998
ISBN 3-8118-4694-9

Inhalt

Hildegard von Bingen –
eine Naturwissenschaftlerin im Mittelalter　　　　　　　7

Anmerkungen zum Gebrauch dieses Buches　　　　　　10

Der Umgang mit Kräutern　　　　　　　　　　　　　12

So legen Sie Ihren eigenen Hildegard-Garten an　　　　14
Ein- und zweijährige Kräuter 14 • Ausdauernde Kräuter 16
Wildkräuter 19 • Ihr Kräutergarten auf der Fensterbank 20

Hildegards Kräuter und Pflanzen　　　　　　　　　　21
Alant 21 • Aloe 22 • Andorn 23 • Apfelbaum 24
Basilienkraut 27 • Bertram 27 • Birke 28 • Birnenbaum 30
Bohne 31 • Brennessel 32 • Dinkel 36 • Eberesche 37
Eibisch 38 • Fenchel 39 • Galgant 41 • Gerste 42
Gewürznelke 43 • Gundelrebe 44 • Hafer 46 • Hanf 47
Haselnuß 48 • Hirschzunge 49 • Holunder 50
Huflattich 51 • Ingwer 53 • Johanniskraut 55 • Kampfer 58
Kastanie 59 • Kirsche 60 • Knoblauch 61 • Kümmel 62
Lavendel 65 • Lein 65 • Liebstöckel 66 • Lilie 68
Lorbeerbaum 69 • Lungenkraut 70 • Melisse 71 • Minze 71
Mohn 74 • Muskatnuß 75 • Myrrhe 77 • Odermennig 79
Ölbaum 81 • Petersilie 83 • Pfirsichbaum 85
Pflaumenbaum 86 • Quitte 88 • Raute 89 • Ringelblume 89
Roggen 91 • Rose 92 • Salbei 94 • Schachtelhalm 94
Schafgarbe 97 • Schlüsselblume 99 • Schwarzkümmel 99
Süßholz 100 • Tanne 102 • Thymian 103 • Veilchen 105
Walnuß 107 • Wegerich 109 • Weihrauchbaum/Olibanum 111
Weinrebe 112 • Weizen 114 • Wermut 115 • Ysop 117
Zimt 119 • Zitwerwurzel 120

Hildegard von Bingen – Kurzbiographie　　　　　　　123

Register　　　　　　　　　　　　　　　　　　　　125

Hildegard von Bingen – eine Naturwissenschaftlerin im Mittelalter

SCHON der Begriff „Naturwissenschaft im Mittelalter" erscheint uns heute als ein Widerspruch in sich. Die Ergebnisse der antiken Naturforschung waren zu Hildegards Zeiten entweder verschollen oder lagen unzugänglich in Klosterbibliotheken. Um die meisten natürlichen Vorgänge – das Geborenwerden und Sterben, das Säen und Ernten usw. – rankten sich Legenden und Aberglaube. Viele Forschungsmöglichkeiten blieben den damaligen Naturwissenschaftlern verschlossen, weil z. B. das Sezieren von Leichen verboten war, mit der Begründung, daß dies einer Gotteslasterung gleichkäme. Ebenso war es verboten, bestimmte Dinge nur zu denken und Hypothesen theoretisch durchzuspielen – dies war noch Jahrhunderte später so, als Galileo Galilei seine großartigen astronomischen Erkenntnisse widerrufen mußte und Johannes Kepler seine Entdeckungen am Sternenhimmel zurückhielt, um seine alte Mutter zu retten, die als Hexe angeklagt war.

Natürlich finden wir bei Hildegard von Bingen ebenfalls viel Mystisches und Mythisches, das sie aus dem Volksglauben und teilweise aus der antiken Überlieferung übernommen hat. Wichtig ist aber ihre genaue Beobachtung, mit der sie sich vor allem den Pflanzen widmet. Diese bilden denn auch einen Hauptbestandteil ihres naturwissenschaftlichen Werkes *Physica*, in dem sie über Steine, Pflanzen und Tiere schreibt. Allein zwei umfangreiche Teile davon nehmen die Bände *Von den Pflanzen* und *Von den Bäumen* ein.

Die Texte greifen zurück auf das allgemeine Volkswissen über die Anwendung von Kräutern und Pflanzen bei verschiedenen Krankheiten.
Sie zeigen deutlich, daß Hildegard viele Rezepte aus ihrer eigenen Erfahrung und Beobachtung angibt. Sie wird inzwischen immer wieder durch die moderne medizinische Forschung bestätigt.
Obwohl Hildegard einen anderen Ansatz zur Heilung hatte als die moderne Medizin, wird etwa in der psychosomatischen Medizin vieles, was sie der antiken Säftelehre entnahm, aber auch, was sie über die dämonischen Einflüsse auf das menschliche Leben beschreibt, neu aufgearbeitet.
Interessant ist, daß Hildegard sich nicht nur mit der Heilung des Menschen beschäftigt, sondern auch mit Tierheilkunde und mit dem richtigen Anbau der von ihr genannten Pflanzen. Dies bestätigt, daß ihr trotz ihres weitgesteckten Arbeitsfeldes als geistige und geistliche Führerin, als Politikerin, Schriftstellerin

und nicht zuletzt als Mystikerin wenig von dem entging, was in ihrer unmittelbaren Umwelt geschah.

Zu allen Zeiten lag die Heilkunde zum größten Teil in Frauenhänden. Dieses Wissen wurde von Frau zu Frau weitergegeben – und Hildegard hat es niedergeschrieben und in eine gewisse Systematik gebracht. Das allein ist eine erstaunliche Leistung. Aber: Ihre Schriften wurden – und werden – auch beachtet, kritisiert und weiter ausgebaut, bis in unsere Zeit hinein! Denn auch heute hat Hildegard von Bingen gerade uns modernen Menschen noch vieles mitzugeben – insbesonders auf dem Gebiet der Pflanzen- und Kräuterkunde.

Anmerkungen zum Gebrauch dieses Buches

DIE KRÄUTERHEILKUNDE – oder Phytotherapie – ist ein durchaus ernstzunehmender Zweig der Medizin. Deshalb sollten Sie immer daran denken, daß jedes Kraut – im Übermaß oder wie Hildegard es ausdrückt „ohne *discretio*" genommen – ein Gift sein kann. Viele scheinbar harmlose Kräuter, die uns zunächst bei unseren Beschwerden helfen, können bei längerem Gebrauch ihre heilsame Wirkung verlieren und ins Gegenteil umschlagen. Das gilt selbst für den Kamillentee.

Wechseln Sie deshalb bei Teekräutern nach einigen Wochen zu einem anderen Tee über – die Auswahl ist ja groß genug. Auch bei der Selbstmedikation mit Kräutern sollten Sie vorsichtig sein. Besprechen Sie sich auf jeden Fall vor einer Anwendung mit Ihrem Arzt oder Heilpraktiker! In unserer Zeit sind Menschen aus verschiedenen Gründen, die teilweise in den Umweltbedingungen, aber auch in der sozialen und emotionalen Belastung unserer modernen Zeit ihre Ursache haben, sehr anfällig für Allergien. Dies gilt nicht nur für chemische Stoffe, sondern auch für Pflanzen aller Art. Bitte, vergessen Sie nicht, daß jeder Mensch gegen alles allergisch sein kann – selbst gegen Kamille, Pfefferminze und Fenchel! Sollten Sie deshalb bei der Verwendung von Kräutern auffällige Nebenwirkungen bemerken, brechen Sie die Behandlung sofort ab und konsultieren Sie Ihren Arzt oder Heilpraktiker.

In diesem Band sind sehr viele Pflanzen, die Hildegard von Bingen in der *Physica* behandelt, ausgelassen worden. Zum einen aus Platzgründen – wobei aber darauf geachtet wurde, daß die wichtigsten und interessantesten Pflanzen besprochen werden. Zum anderen wurden Pflanzen weggelassen, deren Identität uns heute unklar ist und die möglicherweise ins Reich der Sagen gehören. Dazu gehören z. B. Sysemera, Humela, Lilim, Menna, Ugera, Gerla, Zugelnich und Psaffo. Es wäre bestimmt interessant, den Ursprüngen dieser Bezeichnungen und den dazugehörigen Pflanzen nachzuspüren – nur würde dies leider den Rahmen dieses Buches sprengen, das den Lesern einen Zugang zu den von Hildegard erforschten Pflanzen in unserer Zeit ermöglichen möchte.

Auch auf die giftigen und bedenklichen Pflanzen wurde verzichtet. Zwar liefern viele Giftpflanzen wichtige Arzneimittel – z. B. Fingerhut (*Digitalis*) in Herzpräparaten –, aber die Anwendung dieser Medikamente gehört unbedingt in die Hand des Arztes!
Schon zu Hildegards Zeiten gab es durch die unkundige Verwendung solcher Medikamente schwere Erkrankungen und sogar Todesfälle. Deshalb wird in diesem Band nicht auf Pflanzen wie Christrose, Schierling, Zaunrübe, Herbstzeitlose, Wolfsmilch, Tollkirsche und Bilsenkraut eingegangen. Selbst der Rainfarn, der ja noch bis in unsere Zeit als Wurmmittel verwendet wird, bleibt unerwähnt, weil es bei seiner Verwendung zu Gesundheitsgefährdungen kommen kann.

Die Natur ist in jedem Fall mächtiger, als wir glauben. Es kommt auf uns an, wie wir uns der Mittel bedienen, die sie uns zur Verfügung stellt. Und nach all den vorangegangenen Warnungen möchte ich Sie trotzdem ermutigen, sich ihrer Segnungen zu bedienen – so wie Hildegard von Bingen sie uns beschrieben hat. Wenn Sie den besprochenen Kräutern und Pflanzen mit Respekt begegnen, werden Sie feststellen können, daß Sie nicht nur in physischer, sondern auch in psychischer Hinsicht vom Umgang mit ihnen profitieren können.

Der Umgang mit Kräutern

NATÜRLICH können Sie alle Kräuter, die Sie zur Herstellung der verschiedenen Rezepturen benötigen, in der Apotheke, im Reformhaus oder im Naturkostladen kaufen. Viele Pflanzen können Sie aber auch selbst sammeln, wenn Sie Lust und Gelegenheit dazu haben. Am „ergiebigsten" sind die Monate Juni und August, weil gerade dann eine Vielzahl von Kräutern grünt und blüht, die man auch als Laie leicht erkennen kann. (*Sehr wichtig*: Sammeln Sie immer nur Kräuter, die Sie wirklich ganz genau kennen!) Im Band *Mond und Sonne* finden Sie genaue Angaben darüber, zu welchen Zeiten welche Kräuter ihre größte Wirksamkeit entfalten.

Zum Kräutersammeln ist am besten ein warmer, sonniger Tag geeignet. Blüten werden am späten Morgen geerntet, wenn der Tau bereits getrocknet ist. Blätter und ganze Pflanzen suchen Sie am besten um die Mittagszeit, wenn die Sonne ihre ganze Kraft ausstrahlt. Dann ist der jeweilige Wirkstoffgehalt am höchsten.

Vermeiden Sie beim Kräutersammeln
- frisch gedüngte Wiesen;
- Äcker, die mit Pflanzenschutzmitteln gespritzt wurden;
- Straßenränder und
- verschmutzte Bahndämme.

Zarte Blüten und Blätter werden abgezupft, derbere können Sie mit der Schere abschneiden. Sammeln Sie nur saubere Kräuter! Diese dürfen nämlich auf keinen Fall gewaschen werden. Zum Transport bewahren Sie sie am besten locker in einem Korb oder in einem Leinensack auf (Plastikbeutel sind *nicht* geeignet!).

Viele Kräuter entfalten erst durch Trocknung ihre Wirksamkeit. Das gilt z. B. für die Kamille, die ihren Hauptwirkstoff, das tiefblaue Azulen, erst beim Trocknen entwickeln kann. Und auch die Duftintensität von getrocknetem Lavendel ist doppelt so hoch wie die der frischen Blüten. Legen Sie Blüten und Blätter der gesammelten Kräuter locker auf Küchenpapier aus, und wenden Sie sie alle paar Tage. Ganze Pflanzen können Sie in Büscheln aufhängen. Wichtig ist, daß die Kräuter weder Feuchtigkeit noch direkter Sonneneinstrahlung ausgesetzt sind. Wählen Sie deshalb zum Trocknen der Kräuter einen luftigen, schattigen Platz. Die Kräuter sind dann richtig trocken, wenn sie zwischen den Fingern rascheln und leicht brechen.

Bewahren Sie die Kräuter entweder in Gläsern oder in Blechdosen auf. Die sehr hübschen Teedosen aus Blech sind leider nicht ganz billig. Gut geeignet sind auch durchsichtige Gläser mit Schraubdeckel, so daß man sie luftdicht verschließen kann. Versehen Sie die Kräuterbehälter mit Aufklebern, auf denen Sie den Inhalt und auch das Datum der Abfüllung vermerken. Kräuter sollten nämlich nicht länger als ein Jahr aufbewahrt werden, weil sie dann ihre Wirkkraft verlieren.

So legen Sie Ihren eigenen Hildegard-Garten an

WENN SIE einen eigenen Garten besitzen – und sei er noch so klein –, sollten Sie unbedingt ein Beet für würzende und heilende Kräuter anlegen. So haben Sie ständig eine kleine Gartenapotheke zur Hand und können außerdem mit dem unvergleichlichen Aroma frischer Kräuter Ihre Speisen würzen.

Viele Kräuter lassen sich auch sehr gut in den Blumengarten integrieren, z. B. Lavendel und Kamille. Andere gedeihen am besten in einem Steingarten – wie Rosmarin und Thymian. Viele Kräuter haben zudem eine wachstumsfördernde und schädlingsbekämpfende Wirkung auf andere Pflanzen, deshalb kann man sie gut zu verschiedenen Gemüsearten pflanzen.

Beim Anlegen eines Kräutergartens ist es wichtig, zwischen ein- und zweijährigen Kräutern und ausdauernden Stauden zu unterscheiden. Erstere müssen jedes Jahr oder jedes zweite neu gesät werden, während die anderen mehrere Jahre durchhalten. Danach kann man sie meistens durch die Teilung des Wurzelstockes vermehren.

Ein- und zweijährige Kräuter

Basilikum

Die Pflänzchen können entweder auf der Fensterbank vorgezogen oder als größere Pflanzen beim Gärtner und sogar im Supermarkt gekauft werden. Basilikum kann zu Gurken und Tomaten gepflanzt werden.

Ansprüche: Basilikum braucht einen sonnigen, geschützten Platz und sollte an warmen Sommertagen reichlich gegossen werden.

Bohnenkraut

Bohnenkraut kann entweder direkt ins Freiland gesät oder als junge Pflanze beim Gärtner gekauft werden. Es paßt am besten zu Buschbohnen, weil es die Läuse von ihnen fernhält.
Ansprüche: Bohnenkraut mag es sonnig, warm und trocken und braucht deshalb nur bei großer Hitze gegossen zu werden.

Dill

Dill wird direkt ins Freiland gesät. Um immer frisches Kraut zu haben, sollten Sie einige Male nachsäen. Dill wirkt sich besonders günstig auf das Gedeihen von Möhren, Kohl, Rote Bete, Salat, Zwiebeln und Gurken aus.
Ansprüche: Dill braucht Sonne, aber gleichzeitig auch Feuchtigkeit. Deshalb kann er gut zwischen die Gurken gesät werden, weil diese die Erde mit ihren Ranken feucht und schattig halten.

Kerbel

Kerbel kann ins Freiland gesät oder als Pflanze vom Gärtner oder aus dem Supermarkt bezogen werden. Am besten säen Sie ihn zu Salatpflanzen, da er diese vor Schnecken, Läusen und Ameisen schützt.
Ansprüche: Der Kerbel gedeiht am besten an einem halbschattigen, mäßig feuchten Platz.

Kümmel

Kümmel wird ins Freiland gesät. Vermeiden Sie dabei die Nachbarschaft mit Fenchel – die beiden mögen sich nicht. Dagegen gibt er Kartoffeln, Kohl, Gurken und Roten Beten einen besonders intensiven Geschmack.
Wichtig: Kümmel ist eine zweijährige Pflanze: Im ersten Jahr bildet er lediglich eine Blattrosette, erst im zweiten Jahr treibt er bis zu 1 Meter 20 hohe Stiele.
Ansprüche: Der Boden sollte feucht, tiefgründig und gut gedüngt sein.

Majoran

Majoran kann man ab März im Frühbeet vorziehen, ihn ab Mai direkt ins Freiland säen oder fertige Pflanzen aus der Gärtnerei oder dem Supermarkt verwenden.
Ansprüche: Der Majoran braucht einen warmen, sonnigen Platz mit leichter, humusreicher Erde.

Petersilie

Petersilie kann direkt ins Freiland gesät werden, braucht aber einige Zeit zum Keimen. Deshalb sollten Sie einige Radieschensamen als „Markiersaat" mit aussäen, so daß Sie die Reihen erkennen können. Petersilie kann aber auch als fertige Pflanze aus der Gärtnerei und aus dem Supermarkt bezogen werden. Sie verträgt sich gut mit Tomaten, Zwiebeln, Radieschen und Rettichen. Zu Salat sollte sie besser Abstand halten. Außerdem ist sie mit sich selbst unverträglich, deshalb sollte sie immer an eine andere Stelle gesät werden.
Ansprüche: Petersilie gedeiht am besten an einem feuchten, halbschattigen Platz.

Ausdauernde Kräuter

Lavendel

Lavendelpflanzen erhalten Sie beim Gärtner. Sie machen sich sehr hübsch in Steingärten, passen aber auch gut zu Rosen. Im Garten vertreiben sie Ameisen und Läuse.
Ansprüche: Der Lavendel braucht einen sonnigen Platz mit einem leichten, etwas kalkhaltigen Boden. In sehr kalten Wintern muß er zugedeckt werden.

Liebstöckel

Im März oder im August können Sie Liebstöckel ins Freiland aussäen. Sie können natürlich die fertige Pflanze beim Gärtner kaufen. Liebstöckel hält Schädlinge fern, hemmt andererseits

das Wachstum seiner Nachbarpflanzen. Deshalb sollte er möglichst allein stehen.
Ansprüche: Der Liebstöckel braucht einen feuchten, nährstoffreichen Boden. Er verträgt auch Halbschatten.

Melisse

Im Frühjahr können Sie die Melisse direkt ins Freiland aussäen. Oder Sie verwenden die fertigen Pflanzen, die Sie in der Gärtnerei oder im Supermarkt erhalten. Die Melisse paßt sehr gut in den Blumengarten und ist eine hervorragende Bienenpflanze.
Ansprüche: Die Melisse braucht einen sonnigen, geschützten Standort. Der Boden sollte humusreich und durchlässig sein.

Minze

Die Minze wird nur durch Wurzelableger vermehrt, die im Frühjahr flach in die Erde gelegt werden. Lassen Sie sich von Freunden und Nachbarn einen solchen Ableger geben, oder kaufen Sie die Pflanzen in der Gärtnerei bzw. im Supermarkt. Am besten gedeiht die Minze in der Nähe von Brennesseln, weil sie dort mehr ätherisches Öl entwickelt. Dagegen sollte man sie von der Kamille fernhalten. Gute Nachbarn sind Tomaten, Salat und Möhren. Von Kohl hält sie die Raupen des Kohlweißlings fern.
Ansprüche: Sie braucht einen feuchten Platz und gedeiht am besten in lichtem Schatten. Die Erde sollte lehmig sein, auch mooriger Boden ist geeignet.

Rosmarin

Rosmarinpflanzen erhalten Sie in der Gärtnerei. Von älteren Pflanzen lassen sich auch Stecklinge schneiden. Eine gute Nachbarpflanze ist der Salbei.
Ansprüche: Der Rosmarin braucht einen sonnigen Platz mit humusreicher, durchlässiger Erde. Da er nicht winterhart ist,

sollten Sie für die kalte Jahreszeit einen ausreichend großen Blumentopf bereithalten, in den Sie ihn verpflanzen können. Während des Winters nur wenig gießen, aber den Ballen nicht austrocknen lassen. Übrigens können Sie den Rosmarin auch ganzjährig im Topf lassen und ihn im Sommer an eine Südwand stellen.

Salbei

Vorgezogene Pflanzen erhalten Sie beim Gärtner. Von älteren Pflanzen können Sie Ableger gewinnen, indem Sie die Zweige herunterbiegen – diese bewurzeln sich dann. Salbei paßt sehr gut in den Steingarten. Da er Raupen, Läuse und Schnecken abwehrt, sollte man ihn an die Ränder des Gemüsegartens und zu Rosen pflanzen. Gut verträgt er sich mit Rosmarin, Fenchel, Kohl, Möhren, Erbsen und Bohnen.
Ansprüche: Der Salbei braucht einen warmen Standort mit durchlässiger Erde. Bei sehr kalten Wintertemperaturen braucht er einen leichten Schutz.

Thymian

Thymianpflanzen erhalten Sie beim Gärtner. Da er Läuse und die Raupen des Kohlweißlings abwehrt, kann er gut als schützende Randpflanzung um die Gartenbeete herum gesetzt werden. Er paßt außerdem sehr gut in den Steingarten.
Ansprüche: Der Thymian braucht einen sonnigen, trockenen Standort.

Ysop

Die Pflanzen erhalten Sie beim Gärtner. Mit seinen hübschen blauen Blüten ist der Ysop ein Schmuck für jeden Kräutergarten. Außerdem wehrt er Raupen, Läuse und Schnecken ab und ist darüber hinaus noch eine gute Bienenweide.
Ansprüche: Er braucht einen sonnigen und möglichst steinigen Platz und paßt deshalb auch sehr gut in den Steingarten.

Wildkräuter

Natürlich können Sie in Ihrem Garten auch Wildkräuter anpflanzen. Besonders geeignet sind dafür Brennessel, Kamille und Johanniskraut. Aber auch die Wildkräuter, die sich von selbst in Ihrem Garten ansiedeln, sollten Sie nicht unbedingt mit Stumpf und Stiel als „Unkräuter" ausrotten, nutzen Sie ihre heilkräftigen Blätter, Blüten und Wurzeln! Dies gilt z. B. für Wegerich, Sauerampfer und Miere. Vielleicht können Sie diesen wertvollen Pflanzen ein Plätzchen einräumen, an dem sie sich ungestört entwickeln können.

Brennessel

Meistens siedelt die Brennessel sich von selbst im Garten an. Man kann sie natürlich auch anbauen – Spezialversender und zahlreiche Gärtnereien halten entsprechende Samen bereit. Die Brennessel ist nicht nur für Küche und Medizin zu verwenden, sondern auch als kräftigende Brennesseljauche, die allen Pflanzen guttut und außerdem zum Mulchen dient.
Ansprüche: Die Brennessel wächst im Grunde überall, liebt aber besonders lockeren, humosen Boden.

Kamille

Die Kamille kann als Randpflanze um die Gartenbeete herum angesät werden. So haben Sie den Nutzen für Ihre Gesundheit und für die von Ihnen angebauten Gemüse. Außerdem sehen die gelb-weißen Blüten im Gemüsegarten besonders hübsch aus. Sehr gut wirkt die Kamille auf Kohl, Kartoffeln, Sellerie und Lauch. Kamillentee kann außerdem als Samenbeize und zur allgemeinen Kräftigung aller Kulturen verwendet werden. Auch für den Kompost ist die Kamille ein wichtiger aktivierender Bestandteil.

Johanniskraut

Wenn Johanniskraut sich nicht von selbst in Ihrem Garten ansiedelt, können Sie es auf einer Wiese ausgraben und bei sich im Garten einpflanzen.

Ansprüche: Johanniskraut ist sehr anspruchslos, braucht allerdings viel Sonne und einen durchlässigen Boden. Im Steinbeet ist es meistens am besten aufgehoben.

Ihr Kräutergarten auf der Fensterbank

Wer keinen eigenen Garten hat, braucht auf frische Heil- und Küchenkräuter nicht zu verzichten. Viele von ihnen lassen sich nämlich sehr gut in Töpfen ziehen und liefern – neben Heil- und Würzwirkung – einen hübschen Blickfang und in manchen Fällen einen angenehmen Duft.

Am besten geeignet für den Anbau im Zimmer sind Basilikum, Bohnenkraut, Dill, Kerbel, Melisse, Petersilie, Salbei, Schnittlauch, Thymian und Ysop. Jeder helle Standort ist diesen Kräutern willkommen – sie dürfen nur nicht der prallen Sonne ausgesetzt werden. Über einer Heizung fühlen sie sich ebenfalls nicht wohl. Sie mögen es am liebsten nicht zu warm und nicht zu trocken. Beim Gießen von Topfkräutern sollten Sie allerdings vorsichtig sein und immer erst einmal mit dem Finger nachfühlen, ob wirklich schon Wasser benötigt wird.

Hildegards Kräuter und Pflanzen

Alant *Inula helenium*

Diese Pflanze mit mehrjährigem Wurzelstock kann bis zu 2 Meter hoch werden. Sie hat schöne gelbe, in dichten Köpfen stehende Blüten, die eine gewisse Ähnlichkeit mit Löwenzahnblüten haben. Genau wie der Löwenzahn wächst auch der Alant gerne auf feuchten Wiesen. Verwendet wird die Wurzel, die man im Spätherbst sammelt. Am besten werden die frischen Wurzeln, nachdem man sie gereinigt hat, der Länge nach durchgeschnitten, auf einen Faden aufgefädelt und an einem schattigen Platz zum Trocknen aufgehängt.

Alant enthält neben ätherischem Öl, Alantsäure, Kampfer und Azulen (das auch der Wirkstoff der Kamille ist) vor allem Inulin, das auch in der modernen Medizin zur Stimulierung der Nierenfunktion dient. Alant wirkt vor allem schleimlösend – in dieser Eigenschaft wird er von Hildegard empfohlen. Sie gibt für Lungenleiden das folgende Rezept an:

Alantwein

„Das ganze Jahr über soll der Alant sowohl dürr als auch grün in reinen Wein gelegt werden. Aber nachdem er sich im Wein zusammengezogen hat, schwinden die Kräfte in ihm. Dann soll er weggeworfen und neuer eingelegt werden. Wer in der Lunge Schmerzen hat, der trinke diesen Wein täglich mäßig vor dem Essen und nach dem Essen." (*Physica*)

Früher verwendete man Alant häufig äußerlich bei Hautproblemen, z. B. bei Flechten, Ekzemen und Ausschlägen. Diese Möglichkeit ist heute weitgehend in Vergessenheit geraten.

Aloe *Aloe vera*

Die Aloe gehört zu den Liliengewächsen. In mehr als 200 Arten kommt sie hauptsächlich in den Trockengebieten Afrikas, aber auch in allen wärmeren Regionen der gesamten Alten Welt vor. Die meist stachlig gezähnten Blätter wachsen in Rosetten. Der eingedickte Saft aus Blättern verschiedener tropischer Arten hat eine stark abführende Wirkung.

In Indien und Babylonien war die Aloe sowohl als Heilmittel wie auch als Räuchermittel bei religiösen Zeremonien bereits im 3. vorchristlichen Jahrtausend in Gebrauch. In Ägypten wurde sie, gemischt mit Myrrhe, zum Einbalsamieren der Leichname hoher Würdenträger verwendet.

Besonders geschätzt (und teuer bezahlt) wurde das dunkelbraune Holz der Aloe. Dieses wurde in der Antike von Griechen und Römern, später auch in Byzanz, gekaut, um einen angenehmen Atem zu machen. Außerdem wurde Aloe bereits damals zur Herstellung feiner Salben verwendet. Gegenwärtig erlebt sie in der modernen Kosmetik eine Renaissance.

Durch die Araber gelangte die Aloe zur Zeit der Kreuzzüge nach Mitteleuropa. Im Mittelalter wurde sie als heilkräftige Pflanze in Klostergärten kultiviert. Ihr bitterer Saft diente früher bei der Bierherstellung gelegentlich als Hopfenersatz. Noch im 19. Jahrhundert verwendete man den Saft als linderndes und heilendes Mittel gegen Brandwunden.

Hildegard von Bingen schreibt über die Aloe:
"Der Saft dieser Pflanze ist warm und hat große Kraft."
(*Physica*)
Sie empfiehlt die Aloe vor allem gegen Husten, Magenbeschwerden, Schüttelfrost und Gelbsucht. Rezepte finden Sie im Band *Gesundheitsfibel*.

Andorn *Marrubium vulgaris*

Der Andorn gehört zu den Lippenblütlern und kommt vor allem auf Ödland vor. Sein weißfilziger, vierkantiger Stengel wird bis zu 70 Zentimeter hoch. Die Blätter sind weiß behaart, die von Juli bis August erscheinenden kleinen Kelchblüten sind weiß.

Der Andorn stammt aus dem Mittelmeergebiet und ist bei uns erst seit dem Mittelalter heimisch. Er wird seit Jahrtausenden als Heilpflanze verwendet, wurde aber auch – vor allem im Mittelalter – zur Abwehr von Hexen und anderen bösen Geistern verwendet.

Hildegard von Bingen empfiehlt ihn vor allem gegen Hals- und Ohrenbeschwerden und gegen Husten.

Hildegards Hustenwein

"Wer Husten hat, der nehme Fenchel und Dill in gleichem Gewicht und füge ein Drittel Andorn bei. Dies koche er mit Wein, seihe es durch ein Tuch und trinke es, und der Husten wird weichen." (*Physica*)

Das genaue Rezept für „Hildegards Hustenwein" finden Sie in der *Gesundheitsfibel*.

Andorn enthält als wichtigsten Bestandteil den Bitterstoff Marrubin, der auswurffördernd und galleanregend wirkt. Außerdem sind ätherische Öle und Bitterstoffe in dieser Pflanze enthalten.

Apfelbaum *Malum*

Der Apfelbaum gehört zu den Rosengewächsen. Die Apfelfrucht ist ein Kernobst. Der veredelte Apfelbaum ist in den gemäßigten Zonen Europas, Asiens, Afrikas und Amerikas der wichtigste Obstbaum. In Deutschland besteht die jährliche Obsternte zu 60 Prozent aus Äpfeln. Es gibt inzwischen mehrere hundert Apfelsorten, die manchmal weltweit bekannt, aber mitunter auch nur auf eine bestimmte Region beschränkt sind. Im alten Rom kannte man bereits etwa 30 verschiedene Apfelsorten – von denen uns heute leider einige unbekannt sind.

Der Apfel, dessen botanischer Name *malum* – also „das Schlechte" – lautet, erhielt diesen wahrscheinlich aus der biblischen Geschichte, als Eva ihrem Adam den Apfel reichte. Das Interessante daran ist, kulturgeschichtlich gesehen, daß es zur Zeit, als das Alte Testament niedergeschrieben wurde, in Palästina noch gar keine Äpfel gab. Der Apfel stammt nämlich aus Asien und gelangte erst Jahrhunderte später in diese Gegend. Wahrscheinlich liegt hier ein interessanter Fall einer Verwechslung von Linguistik, Mythologie und Botanik vor. Bis heute ist wissenschaftlich nicht darüber entschieden, mit welcher Frucht Eva denn nun den Adam verführte.

Vielleicht aber waren die Autoren des Alten Testaments auch inspiriert von den griechischen Mythen. Denn Paris wurde ja aufgefordert – und zwar durch Eris, die Göttin der Zwietracht –, einen goldenen Apfel derjenigen Göttin zu reichen, die ihm am schönsten erschien. Und dieser verlieh den „Zankapfel" Aphrodite, der Göttin der Schönheit und Liebe. Daß am Ende daraus der langwährende Trojanische Krieg entstand, ist eine andere Geschichte, die sich in der griechischen Mythologie nachlesen läßt und letztlich anmutet wie eine moderne Fernsehserie.

Trotzdem empfehlen die nüchternen Engländer heute noch den täglichen Genuß eines Apfels, denn: „An apple a day keeps the doctor away!" (Ißt man einen Apfel am Tag, braucht man keinen Arzt.) Der Apfel ist nicht nur erfrischend, sondern auch hustenstillend, harntreibend, leicht fieberdämpfend und abführend. Ein Aufguß aus kleingeschnittenen Äpfeln (mit Schalen, denn unmittelbar unter diesen finden sich die wichtigsten Inhaltsstoffe) wirkt lindernd bei Heiserkeit und allen anderen Halskrankheiten, außerdem bei Gicht und Rheumatismus sowie bei Nieren- und Blasenerkrankungen.

Die Ärzteschule von Salerno in Italien, die stark von arabischen Ärzten beeinflußt war, prägte den folgenden Leitsatz: „Post pirum da potum, post pomum vade cacatum." Das bedeutet soviel wie: Die Birne wirkt harntreibend, der Apfel abführend.

Hildegard von Bingen empfiehlt nicht nur die Apfelfrucht, sondern auch Rinde, Blätter und Blüten des Apfelbaumes. So legt sie uns die im Frühling ausspießenden Blätter des Apfelbaumes gegen Augentrübung nahe, weil sie dann „zart und heilkräftig sind wie die jungen Mädchen, bevor sie Kinder bekommen". (*Physica*) Hildegards Rezept für „Apfelknospen-Einreibung" gegen Migräne finden Sie in der *Gesundheitsfibel*.

Über den Apfel selbst schreibt sie:
„Die Frucht dieses Baumes ist zart und leicht verdaulich. Roh genossen schadet sie dem gesunden Menschen nicht. Denn wenn der Tau in seiner Kraft steht, das bedeutet, daß seine Kraft vom Beginn der Nacht bis fast zum Tagesanbruch zunimmt, wachsen die Äpfel durch diesen Tau und werden reif. Daher sind die rohen Äpfel für gesunde Menschen gut zu essen, weil sie aus starkem Tau entstanden sind. Den Kranken dagegen schaden sie eher, weil diese

schwächlicher sind. Aber gekocht und gebraten sind sie sowohl für Gesunde wie für Kranke bekömmlich." (*Physica*)
Über die Verwendung der Äpfel in der Küche finden Sie nähere Angaben und leckere Rezepte in den Bänden *Ernährungslehre* und *Küche aus der Natur*.

Äpfel enthalten neben den Vitaminen A, B und C, verschiedenen Säuren und Zuckerarten auch Tannine und Pektine. Letztere sind besonders in unreifen Äpfeln sehr reichlich vorhanden und haben die Fähigkeit, wässerige Stoffe zu verfestigen (weshalb sie z. B. in der Kosmetik gern eingesetzt werden, um Emulsionen zu Cremes zu verarbeiten). Darüber hinaus besitzen sie die Fähigkeit zur Entgiftung und Fäulnisverhinderung, sind also ein wirksames Mittel, um Darmerkrankungen zu kurieren.

Basilienkraut *Ocimum basilicum*

Basilikum gehört zu den Lippenblütlern. Das etwa 10 bis 40 Zentimeter hohe Kraut stammt aus Südostasien. Sein Name *basilicum* geht auf das griechische Wort zurück, das „königlich" bedeutet, *ocimum* leitet sich vom griechischen Wort *oza* her, d. h. „Geruch" – Basilikum hat einen sehr intensiven und besonderen Geruch. Als Grabbeigabe in Form von Kränzen war es schon bei den alten Ägyptern bekannt.

Basilienkraut enthält neben ätherischen Ölen auch Gerbstoffe, Säuren und Vitamine. Seine Inhaltsstoffe regen die Magensaftabsonderung an und fördern die Verdauung. Bei Wöchnerinnen kann es sogar die Milchproduktion steigern – eine Tatsache, die in der Volksmedizin schon lange bekannt war und jetzt wissenschaftlich bewiesen wurde.

Hildegard von Bingen empfiehlt das Basilikum vor allem gegen Fieber. Sie rät bei Zungenlähmung:
„Ein Mensch, der an seiner Zunge die Lähmung hat, so daß er nicht sprechen kann, lege Basilikumblätter unter seine Zunge, und er wird die Sprache wiedererlangen." (*Physica*)

Bertram *Anacyclus*

Der Römische Bertram gehört zur Gattung der Korbblütler und wird vor allem in den südlichen Mittelmeerländern als Heilpflanze kultiviert. Er wird etwa 10 bis 30 Zentimeter hoch, seine Blütenköpfe erinnern an die Margeriten. Die Wurzeln sind etwa 1 Zentimeter dick und können eine Länge von 6 bis 12 Zentimetern erreichen. Auffallend sind ihre Längsrunzeln. In ihren Angaben über den Bertram bezieht Hildegard von Bingen sich wahrscheinlich hauptsächlich auf die Wurzel.

Hildegard empfiehlt den Bertram ganz allgemein zur Gesundung und zur Gesunderhaltung.

„Der Bertram ist von gemäßigter und etwas trockener Wärme. Diese richtige Mischung ist rein und erhält eine gute Frische. Für einen gesunden Menschen ist der Bertram gut zu essen, denn er mindert die Fäulnis in ihm, vermehrt das gute Blut und bereitet einen klaren Verstand im Menschen." (*Physica*)

Auch kranken Menschen, die bereits sehr schwach sind, empfiehlt Hildegard den Bertram:

„Auch den Kranken, der fast schon im Sterben liegt, bringt er wieder zu Kräften." (*Physica*)

Weiter schreibt sie zu den allgemeinen Wirkungen des Bertrams:

„Auf welche Weise er auch immer gegessen wird – trocken als Pulver oder in einer Speise –, ist er nützlich und gut sowohl für den kranken wie auch für den gesunden Menschen. Denn wenn ein Mensch ihn oft ißt, vertreibt er die Krankheit aus ihm und verhindert, daß er überhaupt erst krank wird." (*Physica*)

Auch über die – unschädlichen – „Nebenwirkungen" des Bertrams berichtet Hildegard:

„Daß er beim Essen im Mund die Feuchtigkeit und den Speichel hervorruft, kommt daher, daß er die üblen Säfte herauszieht und die gute Gesundheit zurückgibt." (*Physica*)

Bertram enthält ätherische Öle, Gerbstoff und bis zu 50 Prozent Inulin, ein pflanzliches Kohlenhydrat.

Birke *Betula pendula* (Hängebirke), *B. pubesceus* (Moorbirke)

Die Birke kommt in der nördlichen gemäßigten und kalten Zone in etwa 40 Arten vor. Ihre leuchtendgrünen Blätter und weißlichen Stämme sind vor allem in Norddeutschland, Skandinavien und Nordosteuropa ein charakteristischer Bestandteil des Landschaftsbildes. Die Blüten der Birke sind grünlichgelb und stehen in Kätzchen zusammen.

Bei Germanen und Slawen wurde die Birke sehr verehrt. Nach altem Volksglauben reiten die Hexen in der Walpurgisnacht auf Birkenbesen zum Blocksberg. Die Verwendung der Birke als Pfingstgrün im christlichen Brauchtum geht wahrscheinlich auf germanische Frühlingsbräuche zurück. In alten Zeiten wurde die Birke als „Baum der Weisheit" bezeichnet: Von ihm wurden die Ruten geschnitten, mit denen die Lehrer ihre Schüler in Zucht hielten und ihnen die „Lust am Lernen" beibrachten.

Schon von alters her wird Birkenblättertee, der harntreibend und entschlackend wirkt, gegen Rheumatismus, Nierenbeschwerden und Stoffwechselleiden eingesetzt. Die Birke enthält ätherische Öle sowie Mineral-, Bitter- und Gerbstoffe. Die jungen Blätter werden im Frühjahr gesammelt und getrocknet. Man kann allerdings auch einen köstlichen, leicht bitter schmeckenden Tee aus den frischen Blättern herstellen, die man zu diesem Zweck einfach an den Ästen beläßt. Sehr hübsch sieht es aus, wenn man den Tee in einer Glaskanne aufgießt.

Aus Rinde und Holz der Birke wird Birkenteer (*Pix Betulina*) gewonnen, ein Mittel, das man z. B. zur Behandlung von Ekzemen und Schuppenflechte verwendet.
Auch Hildegard von Bingen kennt die Wirksamkeit der Birke gegen Hautleiden und empfiehlt die Birkensprossen oder jungen Blätter zur Behandlung:

> „Wenn am Leib eines Menschen seine Haut sich zu röten und beulig zu werden beginnt, als ob dort eine Geschwulst entstehen wollte ..., nehme er die Knospen dieses Baumes

und wärme sie an der Sonne oder am Feuer und lege sie so warm auf die schmerzende Stelle und binde ein Tuch darum. Dies tue er oft, und jene Geschwulst wird weichen." (*Physica*)

Weitere Rezepte zur Verwendung der Birke finden Sie im Band *Schönheitspflege*.

Birnenbaum *Pyrus*

Die Birne gehört – genauso wie der Apfel – zu den Rosengewächsen und kommt vor allem in Eurasien und Nordafrika vor. Unsere heutige Kulturbirne ist aus der Wildform der Holzbirne hervorgegangen. Neben dem Apfel gehört die Birne zu den beliebtesten Obstsorten Deutschlands.

Wildwachsende Birnen dienten bei uns bereits in der Jungsteinzeit als Nahrungsmittel. Plinius erwähnt schon mehrere verschiedene Birnensorten – die sowohl als Nahrungsmittel als auch als Arznei dienten und zu Most und Wein verarbeitet wurden. Die Birne ist nicht so leicht verdaulich wie der Apfel. Deshalb schreibt Hildegard von Bingen:

„Die Frucht des Birnbaumes ist schwer und gewichtig und herb. Wenn jemand sie roh zu reichlich ißt, verursacht sie Kopfschmerzen und macht die Brust dämpfig. ... Wer daher Birnen essen will, soll sie in Wasser kochen oder am Feuer braten." (*Physica*)

Birnhonig

Eines der wichtigsten Hildegard-Heilmittel ist der Birnhonig, der aus Birnen, Honig und verschiedenen Kräutern hergestellt wird. In der Hildegard-Medizin ist er das wichtigste Heilmittel gegen Migräne, hilft aber auch bei gewöhnlichen Kopfschmerzen. Hier das Rezept:

Zutaten:
5 große Birnen
250 g Honig
30 g Bärwurz (pulverisiert)
25 g Galgantpulver
20 g Süßholzpulver
15 g Mauerpfefferpulver
(Die Kräutermischung wird Ihnen Ihr Apotheker gerne zusammenstellen.)

Zubereitung:
Die Birnen waschen und (ungeschält) vierteln und das Kerngehäuse entfernen.
In etwas Wasser weich kochen.
Dann abseihen und pürieren.
Den Honig im Wasserbad erwärmen.
Dann 2 Eßlöffel der pulverisierten Gewürzmischung darunterrühren.
Das noch heiße Birnenpüree mit dem Mixstab daruntermischen.
Den fertigen Birnhonig in Gläser füllen und kühl stellen.
Anwendung:
Man nimmt den Birnhonig bei Migräne und Kopfschmerzen und vor allem bei Migräne dreimal täglich, und zwar 1 Teelöffel morgens vor dem Frühstück, 2 Eßlöffel nach dem Mittagessen und 3 Eßlöffel unmittelbar vor dem Schlafengehen.

Bohne *Vicia, Phaesolus*

Bei den Bohnenarten handelt es sich um Schmetterlingsblütler, die – wie auch die Erbsen – Schotenfrüchte ausbilden. Hildegard von Bingen bezieht sich in ihrer *Physica* auf die Vicia, eine Wickengattung, die die „dicke Bohne" (auch „Saubohne" genannt) hervorbringt. Die Gartenbohne (Phaesolus) kam erst aus Amerika zu uns. Beiden Sorten ist ihr hoher Eiweißgehalt gemeinsam.

Die dicke Bohne diente schon in der Steinzeit als Nahrungsmittel. Es ist interessant, daß ihre schwarzgefleckte Blüte in der Antike als Todessymbol galt – deshalb durften die ägyptischen Priester keine Bohnen essen. Bohnen wurden bei Totenopfern sowohl in Griechenland und Rom als auch bei den Slawen und Germanen verwendet. Im Mittelalter war die Bohne eine beliebte – weil nährstoffreiche – Fastenspeise.

Hildegard von Bingen hält die Bohne für heilsamer und gesünder als die Erbse, da sie ihrer Natur nach warm sei. Sogar kranke Menschen könnten sie unbesorgt essen:

"Denn wenn die Kranken die Bohne essen, schadet sie ihnen nicht sehr, weil sie nicht soviel Flüssigkeit und Schleim in ihnen bereitet wie die Erbse dies tut." (*Physica*)

Besonders schätzt sie das Bohnenmehl:

"Das Bohnenmehl ist gut und gesund für den kranken und den gesunden Menschen, weil es leicht ist und mühelos verdaut werden kann." (*Physica*)

Bohnenbrühe

So gibt sie die folgende Empfehlung für Menschen, die an Magen-Darm-Beschwerden leiden:

"Wer Schmerzen in den Eingeweiden hat, der koche die Bohne in Wasser unter Beigabe von etwas Öl oder Fett, und er schlürfe nach dem Entfernen der Bohnen die warme Brühe. Dies tue er oft, und es heilt ihn innerlich." (*Physica*)

Bohnen enthalten reichlich Eiweiß und wirken nachweislich entwässernd. Grüne Bohnen sollten vor allem bei Bluthochdruck gegessen werden.

Brennessel *Urtica*

Nesselgewächse treten in den gemäßigten Breiten mit über 30 Arten auf. Charakteristisch sind die Brennhaare an Blättern

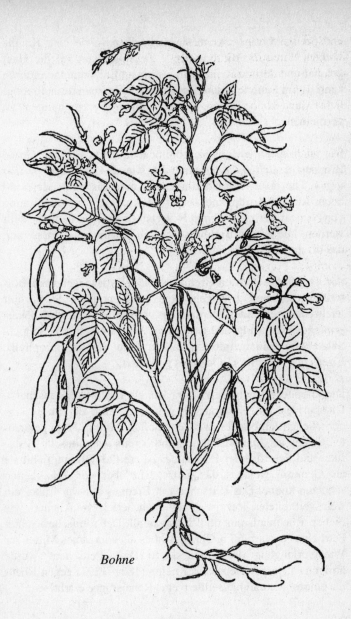

Bohne

und Stengeln, die – wenn sie zerbrechen – wie eine Kanüle wirken, durch die die brennende Zellflüssigkeit auf die Haut gelangt und dort zu Reizungen bis hin zu Entzündungen führen kann. Beim Sammeln der Brennesseln sollte man deshalb möglichst Handschuhe tragen, um die lästigen „Verbrennungen" zu vermeiden.

Die wichtigsten bei uns vorkommenden Arten sind die Große Brennessel *Urtica dioica* und die Kleine Brennessel *Urtica urens*. Die erste ist mehrjährig und wird bis zu 1 Meter 50 hoch. Aus ihr wurde eine Zuchtform kultiviert zur Gewinnung von Nesselfasern, aus denen Nesselstoffe und Garne hergestellt werden. Die Kleine Brennessel ist ein einjähriges Gartenkraut, das bis zu 50 Zentimeter groß wird.

Als Teepflanze werden Brennesselblätter vorwiegend zur Blütezeit gesammelt und getrocknet. Sie enthalten Stoffe mit leicht harntreibender, verdauungsanregender und blutzuckersenkender Wirkung. Junge Brennesseln werden für Suppen, Salate oder Spinatgemüse vor allem wegen ihres Chlorophyll-, Eisen- und Vitamin-C-Gehaltes geschätzt.

Die Brennessel wird seit alters her als Heilpflanze geschätzt. Dioskurides, ein berühmter griechischer Arzt, der im 1. vorchristlichen Jahrhundert wirkte, empfiehlt ihre in Wein gekochten Samen als Aphrodisiakum, und bereits der römische Historiker und Schriftsteller Plinius der Ältere (23–79) empfiehlt sie als Gemüse, welches das ganze Jahr über vor Krankheiten schützen könne. Das Peitschen mit Brennesseln war früher ein weit verbreitetes Rezept gegen mancherlei Krankheiten wie Fieber, Rheumatismus und Schlaganfall. Der römische Dichter Petronius (er starb 66 n. Chr.) preist es als wirksames Mittel zur Wiedererlangung der Manneskraft. Das „Peitschen" wurde übrigens auch von Sebastian Kneipp (1821–1897) gegen Rheuma empfohlen und hat seitdem eine Renaissance erlebt.

Hildegard von Bingen empfiehlt die Brennessel in erster Linie als magenfreundliches Gemüse:

> „Wenn sie frisch aus der Erde sprießt, ist sie gekocht nützlich für die Speisen des Menschen, weil sie den Magen reinigt und den Schleim aus ihm wegnimmt. Und dies bewirkt jede Art der Brennessel." (*Physica*)

Allerdings rät Hildegard davon ab, die Brennessel „wegen ihrer Rauheit" roh zu essen. Rezepte mit der Brennessel finden Sie im Band *Küche aus der Natur*.

Dinkel *Triticum spelta*

Diesem Lieblingsgetreide der Hildegard von Bingen ist ein ganzer Band – das *Dinkelkochbuch* – gewidmet. Auch in anderen Bänden, etwa in *Ernährungslehre*, *Küche aus der Natur* und *Gesundheitsfibel*, finden sich immer wieder Hinweise auf den Dinkel. Deshalb soll hier nicht weiter auf ihn eingegangen werden.

Eberesche *Sorbus*

Die Eberesche, auch Vogelbeerbaum (*Sorbus aucuparia*) oder – wie bei Hildegard von Bingen – Speierling (*S. domestica*) genannt, gehört zu den Rosengewächsen. Sie wächst in zahlreichen Arten in den nördlichen gemäßigten Zonen der Erde. Charakteristisch sind die unpaarig gefiederten Blätter und vor allem die scharlachroten Scheinfrüchte (Vogelbeeren).

Die Früchte der Eberesche wurden schon von den Griechen und Römern genutzt. Karl der Große (747–814) empfahl den Anbau des Baumes in seiner Schrift „Capitulare de villis". Seit Anfang des 19. Jahrhunderts wird im Altvatergebirge eine bestimmte Form der Vogelbeere (s. *aucuparia*), die Mährische Eberesche (var. *edulis*), mit süßen Früchten angebaut. Seither ist die Zahl der Ebereschen recht groß geworden. Der Anbau dieses Baumes als Obstgehölz stieg in jüngster Vergangenheit beachtlich an.

Die Früchte der Eberesche enthalten pro 100 Gramm Frischgewicht 100 bis 200 Milligramm Vitamin C. Ihr Gehalt an Sorbinsäure bzw. Sorbit macht sie außerdem sehr wertvoll, denn Sorbit ist ein für Diabetiker unschädlicher Süßstoff. Die Beeren der Eberesche werden kaum roh gegessen, sondern zu Kompott, Saft, Sirup und Gelee verarbeitet. Es gibt sogar einen Vogelbeerlikör.

Hildegard von Bingen schreibt über die Eberesche, daß sie ihrer Natur nach warm und trocken sei.
„Aber diese Wärme ist nicht nützlich, und in seinem Protzen symbolisiert der Baum die Heuchelei." (*Physica*)

Die Früchte des Baumes sind ihrer Meinung nach einem gesunden Menschen weder nützlich noch schädlich, einem Kranken aber unzuträglich. Sie empfiehlt allerdings ein Bekämpfungsmittel gegen Raupen und Schmetterlinge, das als Alternative zur chemischen Schädlingsbekämpfung vielleicht einmal ausprobiert werden sollte:

„Wirf die Erde, die unter dem Speierling und um seine Wurzel liegt, in den Garten und streue sie, wo Raupen und Schmetterlinge das Gemüse fressen und verwüsten. Durch diese Belästigung werden sie wegziehen und dort nicht gedeihen können." (*Physica*)

Eibisch *Althaea officinalis*

Der Eibisch gehört zu den Malvengewächsen und kann bis zu 1 Meter 50 hoch werden. Die rosafarbenen oder weißen Blüten sind in Büscheln angeordnet, die Blätter fast handgroß und weich behaart. Die süßlich schmeckende Wurzel enthält etwa 20 Prozent Schleimstoffe mit reizmindernder Wirkung und ist (wie auch die Blätter, Blüten und Samen) vor allem Bestandteil vieler husten- und schleimlösender Arzneimittel.

Der botanische Name *Althaea* leitet sich von dem griechischen Wort *althaino* (ich heile) her, denn schon den alten Griechen war die erweichende und mildernde Wirkung dieser Pflanze bekannt. In Mitteleuropa ordneten die fränkischen Könige an, den Eibisch wegen seiner Heilkräfte in den königlichen Gärten anzubauen. Hildegard von Bingen bezeichnet den Eibisch als von Natur „warm und trocken" und empfiehlt ihn vor allem gegen Fieber und Kopfschmerzen.

Fenchel *Foeniculum vulgare*

Der Fenchel ist eine ein- bis mehrjährige Gewürzpflanze aus der Familie der Doldengewächse und kann bis zu 2 Meter hoch werden. Er hat eine fleischige Wurzel, reich gefiederte, fadendünne Blätter und gelbe Blüten. Die Frucht, eine sog. Spaltfrucht, ist etwa 6 bis 12 Millimeter lang. Heimisch ist der Fenchel im Mittelmeerraum, er kann aber auch bei uns kultiviert werden.

Fenchel enthält einen hohen Anteil des ätherischen Öls Athenol, außerdem das Provitamin A, die Vitamine B und C, außerdem Kalzium und Phosphor. Das Kraut riecht schwach nach Heu, daher auch der aus dem Lateinischen abgeleitete Name: *foenum* bedeutet Heu. Der Fenchel war bereits Ägyptern, Griechen und Römern als Gemüse-, Heil- und Gewürzpflanze bekannt. Damals verwendete man Fenchel bei Blähungen, bei uns auch heute noch. Auch eine magenstärkende Wirkung wurde ihm nachgesagt. Der römische Historiker und Schriftsteller Plinius (23–79) schreibt in seinem Werk „Naturalis historia":

„Die Schlange bekommt im Winter eine neue Haut und streift die alte mit Hilfe des Fenchels ab. Den Menschen dient der Fenchel als Gewürz, auch wird er zur Stärkung schwacher Augen gebraucht, worauf man durch die Beobachtung gekommen ist, daß ihn die Schlangen zu diesem Zweck verwenden."

Auch Hildegard von Bingen schreibt, daß jemand seine Augen zum klaren Sehen bringe, wenn er täglich Fenchel essen würde. Auch gegen Magen- und Verdauungsbeschwerden und sogar gegen Melancholie empfiehlt sie den Fenchel, „denn er macht den Menschen fröhlich". (*Physica*) Insgesamt empfiehlt sie den Fenchel in jeder Form uneingeschränkt kranken und gesunden Menschen. In der *Gesundheitsfibel* finden Sie Rezepte gegen Schlafstörungen, Schnupfen, Leber- und Magenbeschwerden und vieles mehr, in den Bänden *Ernährungslehre* und *Küche aus der Natur* Kochrezepte mit Fenchel.

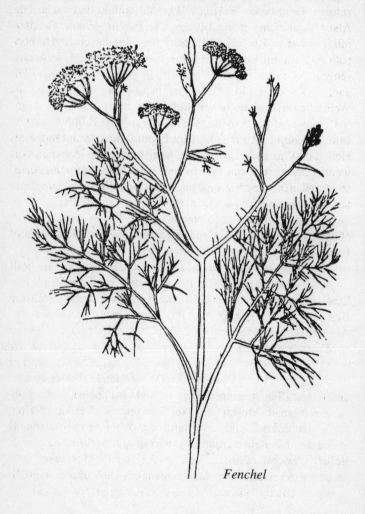

Fenchel

Galgant *Alpina officinarum*

Beim Galgant handelt es sich um ein in China beheimatetes Ingwergewächs, das auch in Thailand angebaut wird. Der Wurzelstock wird bis zu 1 Meter lang und enthält ätherische Öle. Als Galgantwurzel wird er zur Herstellung von Gewürzmischungen (z. B. Curry), als Likörzutat sowie in der Homöopathie (vor allem bei Magenleiden) verwendet. Auch im Melissengeist ist er enthalten. In der Hildegard-Medizin spielt Galgant eine wichtige Rolle. Im Fachhandel ist er als Pulver, als Wein und in Tablettenform erhältlich.

In China kennt man den Galgant bereits seit Jahrtausenden als Heil- und Würzmittel. Auch die Ayurveda-Ärzte in Indien verwenden ihn bereits seit langer Zeit. Nach Mitteleuropa gelangte der Galgant durch arabische Händler und war entsprechend teuer und kostbar.

Hildegard von Bingen lobt den Galgant wegen seiner Eigenschaften:
> „Er ist ganz warm und hat keine Kälte in sich und ist heilkräftig." (*Physica*)

Deshalb empfiehlt sie Galgant auch gegen die verschiedensten Beschwerden.

Als Mittel gegen Fieber:
> „Ein Mensch, der ein hitziges Fieber in sich hat, pulverisiere Galgant und trinke dieses Pulver in Quellwasser, und er wird so das hitzige Fieber löschen." (*Physica*)

Gegen Rückenschmerzen:
> „Wer wegen übler Säfte im Rücken oder in den Seiten Schmerzen hat, der siede Galgant in Wein und trinke ihn oft warm, und der Schmerz wird nachlassen." (*Physica*)

Bei Herzbeschwerden:
> „Wer Herzweh hat und ein schwaches Herz, der esse genügend Galgant, und es wird ihm bessergehen." (*Physica*)

In der Hildegard-Medizin gilt Galgant als „das universalste Herzmittel".
Rezepte finden Sie in der *Gesundheitsfibel*.

Der Galgant enthält ätherische Öle und Harze, deren genaue Wirkung heute noch nicht umfassend erforscht ist.

Gerste *Hordeum*

Die Gerste gehört zu den Süßgräsern und ist vor allem in Europa und Amerika verbreitet. Die Gerste ist bei uns selten höher als 1 Meter, ihre Ähren sind besonders wegen der langen Grannen auffallend. Außer als Viehfutter wird sie vor allem als Braugerste verwendet, aber auch viele Vollwertgerichte und -backwaren können daraus hergestellt werden.

Im vorderasiatischen Raum wurde Gerste bereits im 9. vorchristlichen Jahrtausend angebaut. So sind Gerstenähren auf altägyptischen Wandmalereien abgebildet. In Europa ist die Gerste seit der Jungsteinzeit heimisch. Diodorus von Sizilien (er lebte im 1. nachchristlichen Jahrhundert) berichtet, daß bereits die Ägypter ein Bier aus der Gerste brauten, das „in Geschmack und Aroma dem Weine nicht nachstand". Bis in unser Jahrhundert hinein spielte die geröstete Gerste als (kostengünstiger) Kaffee-Ersatz eine Rolle. Noch heute bevorzugen gesundheitsbewußte Menschen den liebevoll als „Muckefuck" bezeichneten Gerstenkaffee. Sebastian Kneipp empfahl diesen Trank ganz besonders, weil er kräftigend und verdauungsfördernd ist.

Hildegard von Bingen bezeichnet die Gerste als von Natur aus kalt. Deshalb ist sie ihrer Meinung nach auch für die Ernährung des Menschen nicht besonders gut geeignet. Hauptsächlich empfiehlt sie die Gerste für die äußerliche Anwendung. In der Volksmedizin wurden Gerstenpflaster bei Geschwüren, Abszessen und Wunden aufgelegt. So sollen Kranke ein Gerstenbad zur Stärkung nehmen:

„Der Kranke, der schon am ganzen Körper ermattet, der koche Gerste stark in Wasser, und er gieße jenes Wasser in ein Faß und nehme darin ein Bad. Er tue dies oft, bis er geheilt wird und das Fleisch seines Körpers wiedererlangt und gesundet." (*Physica*)

Gerstenbad

Für ein solches Bad kochen Sie 500 Gramm Nacktgerste in 5 Litern Wasser auf und lassen das Ganze dann eine Viertelstunde lang köcheln. Abseihen und ins Badewasser geben.

Gewürznelke *Syzygium aromaticum*

Die Gewürznelke stammt von dem tropischen, immergrünen Nelkenbaum, der der Familie der Myrtengewächse angehört und bis zu 15 Meter hoch werden kann. Seine Heimat sind die Molukken. Als Gewürz und Arzneimittel werden die nicht aufgeblühten Knospen verwendet. Sie sind ursprünglich flammendrot, verfärben sich aber beim Trocknen bräunlich bis schwarz.

Der Gewürzname rührt von der nagelförmig gestalteten Form der Knospe und dem bis zu 16 Millimeter langen Knospenstiel her. Die Gewürznelke war den Chinesen schon Jahrhunderte vor Christi Geburt bekannt. Sie benutzten sie nicht nur zum Würzen, sondern kauten sie wegen der örtlich betäubenden Wirkung auch bei Zahnschmerzen. Die Gewürznelke gelangte über Ceylon, das Rote Meer und von dort über die Karawanenstraße nach Alexandria und Konstantinopel. Dort lernten die Römer den feurig würzigen Geschmack kennen. Es gab Zeiten, in denen Nelken mit Gold aufgewogen wurden.

Hildegard von Bingen beschreibt die Nelke folgendermaßen:
„Sie ist sehr warm und hat auch eine gewisse Feuchtigkeit in sich, durch die sie sich angenehm ausdehnt wie die angenehme Feuchtigkeit des Honigs." (*Physica*)
Sie empfiehlt Nelken vor allem bei Kopfschmerzen, Wassersucht und Gicht (Rezept in der *Gesundheitsfibel*).

Die Gewürznelke enthält einen hohen Anteil an Gerbstoffen und ätherischen Ölen.

Gundelrebe *Glechoma hederaceae*

Bekannter ist die Gundelrebe vielerorts unter dem Namen Gundermann. Sie gehört zur Gattung der Lippenblütler und kommt in den gemäßigten Zonen Europas und Asiens vor. Wir finden sie auf Wiesen und in der Nähe von Gebüschen als 15 bis 40 Zentimeter hohe Staude mit kriechenden Stengeln und violetten oder blauen Blüten.

Bereits im Mittelalter erschien eine Sammlung mit dem Titel „Gegen alle Arten von Fieber" mit verschiedenen Rezepten, in denen die Gundelrebe angegegeben wird. Man verwendete sie gegen Bronchial- und Lungenbeschwerden, gegen Kopfschmerzen, Magenschmerzen und zur Wundheilung. Da die Pflanze reich an Vitamin C ist, kann sie ebenfalls als allgemeines Tonikum genommen werden. Aus diesem Grunde war die Gundelrebe wohl lange Zeit ein wichtiger Bestandteil sog. Kraftsuppen, die dem Patienten zum Wiederaufbau seiner Energie und Lebenskraft gegeben wurden.

Häufig wurde in vergangenen Jahrhunderten die Gundelrebe als Mittel gegen Dämonen und böse Geister verwendet. Dies galt vor allem im Viehstall, damit den Kühen die Milch nicht verdorben wurde. Deshalb wurden Gundelrebenkränze oder

-sträuße in den Ställen aufgehängt oder die Pflanze dem Vieh ins Futter gegeben.

Hildegard von Bingen schreibt über die Gundelrebe, daß „ihre Grünkraft angenehm und nützlich ist". (*Physica*) So empfiehlt sie sie vor allem bei körperlichen und geistigen Erschöpfungszuständen und gibt dazu folgendes Rezept an:

„Ein Mensch, der lange kraftlos ist und dem das Fleisch schwindet, soll mit Gundelrebe erwärmtes Wasser trinken und sie so oft wie möglich gekocht in einer Zukost oder mit Fleischspeisen oder mit Törtchen essen. Dies wird ihm viel nützen, weil ihr guter Saft den Menschen innerlich heilt."
(*Physica*)

Speziell empfiehlt sie die Gundelrebe gegen Ohrenbeschwerden (Rezept im Band *Gesundheitsfibel*) und Lungenleiden.

Hafer *Avena*

Der Hafer ist ein Rispengetreide – das einzige, das heute noch in Mitteleuropa in größerem Umfang angebaut wird. Seine Ähren können Schlaffrispen (locker herabhängende Rispen) oder Steilrispen (kurze, steil aufgerichtete Rispen) bilden. Erst in der Bronzezeit gelangte der Hafer aus Asien und Afrika nach Mitteleuropa – zunächst als Unkraut. Da Hafer auch bei schwierigen Witterungsbedingungen überleben kann, war er gerade in der Römerzeit eine wichtige Getreidepflanze der Germanen.

Sebastian Kneipp lobte den Haferbrei als „vorzügliches Nahrungsmittel" und versuchte in seinen Schriften, ihm wieder den ihm gebührenden Platz zu verschaffen, denn „er schuf große, kräftige Menschen mit herrlichen Anlagen, und sie erfreuten sich ihrer Gesundheit und eines hohen Alters". Noch bis in unsere Zeit ist der Haferbrei – als Porridge bekannt – ein beliebtes Frühstück in England und vor allem in Schottland. Übrigens schwören auch viele Hochleistungssportler auf den Hafer als Fitmacher.

Hildegard von Bingen schreibt über den Hafer:
> „Er ist eine beglückende und gesunde Speise für gesunde Menschen, und er bereitet ihnen einen frohen Sinn und einen reinen und klaren Verstand, und er macht ihnen eine gute Farbe und gesundes Fleisch." (*Physica*)

Auch schwächlichen und mäßig kranken Menschen empfiehlt sie den Hafer, nur Schwerkranke sollten darauf verzichten, weil er ihnen nicht bekömmlich ist.

Haferstrohbad

Gicht- und Rheumakranken empfiehlt Hildegard von Bingen ein Haferstrohbad, das nicht nur die Schmerzen lindert, sondern auch beruhigend auf die Psyche wirkt. Dazu wird Hafer-

stroh (vom Bauern) in einem großen Topf kurz mit Wasser gekocht. Die Flüssigkeit dann ins Badewasser abseihen.
Man kann diesen Absud auch als Aufguß für die Sauna verwenden.

Hafer enthält Fett und wertvolles Eiweiß. Seine Linolsäure beugt Herz- und Kreislauferkrankungen vor. Auch das „Nerven-Vitamin" B 1 sowie zahlreiche Mineralstoffe wie Kalzium, Eisen, Phosphor, Magnesium, Mangan, Kupfer und Zink sind im Hafer enthalten.

Hanf *Cannabis sativa*

Hanf war bei uns bis vor kurzem nur als die Pflanze bekannt, aus der Marihuana (ein Rauschmittel) gewonnen wird. Inzwischen entsteht eine ganze Hanfindustrie, wobei Stoffe, Papier und anderes daraus hergestellt werden. Auch ein sehr hochwertiges Speiseöl wird aus der Hanfpflanze gewonnen.

Der Hanf wird bis zu 6 Meter hoch. Bei den weiblichen Pflanzen sitzen vor allem an den Tragblättern die Blüten, die ein Harz – das Haschisch – ausscheiden. Die Stengelfasern des Hanfs werden bereits seit langem zur Herstellung von Garnen, Bindfäden, Schnüren, Seilen und Teppichen verwendet. Hanf wird vor allem in Vorder- und Südasien angebaut.

Hanf war bereits im 3. vorchristlichen Jahrtausend in China bekannt; in Indien wurde er erstmals im 9. Jahrhundert vor Christus angebaut. Der griechische Geschichtsschreiber Herodot (etwa 490–430 v.Chr.) berichtet, daß bereits die Skythen aus den Samen Öl und Rauschmittel gewannen und die Thraker aus den Fasern Kleider webten. Spätestens im 5. vorchristlichen Jahrhundert war Hanf auch den Germanen bekannt. Er wurde dort seit der Karolingerzeit angebaut. Seine betäubende Wirkung wurde jedoch erst durch die arabische Medizin bekannt.

Hildegard von Bingen schreibt recht ausführlich über diese Pflanze, deren Same „Heilkraft" enthält:

> „Er ist für gesunde Menschen heilsam zu essen. In ihrem Magen ist er leicht und nützlich, so daß er den Schleim einigermaßen aus dem Magen wegschafft. Er kann leicht verdaut werden, vermindert die üblen Säfte und macht die guten Säfte stark." (*Physica*)

Wie bereits erwähnt, ist ja Hanföl seit langem als hochwertiges Speiseöl bekannt und entspricht sicherlich den von Hildegard gemachten Angaben über dessen gesundheitsfördernde Wirkung. Bei anderen Nahrungsprodukten muß man abwarten – oder selbst ausprobieren, denn in vielen Städten etablieren sich inzwischen „Hanfläden".

Schwerkranken Menschen und Menschen, die unter Durchblutungsstörungen vor allem im Kopfbereich leiden, rät Hildegard allerdings davon ab, Hanf zu sich zu nehmen, weil sie dadurch leicht Kopf- oder Magenschmerzen bekommen könnten.

Auch zur äußeren Anwendung von Hanf gibt sie Ratschläge. Gegen Magenschmerzen:

> „Wer aber einen kalten Magen hat, der koche Hanf in Wasser und, nach dem Ausdrücken des Wassers, wickle er es in ein Tüchlein. Dieses lege er warm auf den Magen. Dies wird ihn stärken." (*Physica*)

Zur Wundbehandlung:

> „Ein aus Hanf gefertigtes Tuch ist gut zum Verbinden der Geschwüre und Wunden, weil die Wärme in ihm mäßig ist." (*Physica*)

Haselnuß *Corylus sativa*

Die Haselnuß gehört zur Gattung der Birkengewächse. Sie kommt hauptsächlich in Eurasien und Amerika als Strauch oder in Form kleiner Bäume vor. Die kugeligen oder länglichen Früchte sind von einer Hülle aus zwei oder drei Hochblättern umgeben. Haselnüsse sind sehr fett- und ölreich.

Im Volksglauben war der Haselstrauch ein Sinnbild der Lebenskraft und wurde häufig für Wünschelruten oder als Mittel gegen Zauberei und Hexerei, aber auch gegen Blitzschlag und Schlangenbiß verwendet. Bei den Kelten zählte die Haselnuß deshalb zu den heiligen Bäumen.

Hildegard von Bingen schreibt über den Haselstrauch, daß er seiner Natur nach mehr kalt als warm sei und nicht viel für medizinische Zwecke tauge. Außerdem sei er das Sinnbild der Ausgelassenheit.

„Die Früchte aber, nämlich die Nüsse, schaden einem gesunden Menschen nicht sehr, wenn er sie ißt, aber sie nützen ihm auch nicht. Kranken Menschen aber schaden sie, weil sie ihn auf der Brust dämpfig machen." (*Physica*)

Hirschzunge *Phyllitis scolopendrium*

Die Hirschzunge ist ein Tüpfelfarngewächs. Sie wächst vor allem auf feuchtem, schattigem Kalkgestein in den Mittelgebirgen und in den Kalkalpen. Die immergrünen Blätter können zwischen 15 und 60 Zentimeter lang sein. Während die meisten Pflanzen viel Sonnenlicht benötigen, um sich entwickeln zu können, kann die Hirschzunge – wie auch manche andere Farne – noch bei 1/300 bis 1/1000 der vollen Taghelligkeit gedeihen.

Wichtig: Die Hirschzunge steht wegen ihrer Seltenheit unter Naturschutz und darf nicht gepflückt oder ausgegraben werden. Für die bei Hildegard angegebenen Rezepte können Sie die benötigte Hirschzunge in der Apotheke erhalten.

Hildegard von Bingen empfiehlt die Hirschzunge vor allem bei Erkrankungen der Leber und der Lunge, außerdem als Erste Hilfe bei Schmerzen. Das Rezept für Hildegards „Hirschzungen-Elixier" finden Sie in der *Gesundheitsfibel*, Sie können es allerdings auch fertig zubereitet in Apotheken, Reformhäusern und im Fach- und Versandhandel erhalten.

Holunder *Sambucus nigra*

Der Holunder gehört zu den Geißblattgewächsen. Es handelt sich dabei um Sträucher oder kleine Bäume, deren Zweige ein weißes Mark enthalten. Die Blätter sind unpaarig gefiedert, die Blüten wachsen in Dolden. Die Frucht ist eine beerenartige, drei- bis fünfsamige Steinfrucht, die sich aus den Blütendolden bildet. Die Blüten des Holunders haben einen sehr intensiven, charakteristischen Duft.
Blüten, Blätter und Wurzeln enthalten ätherische Öle, Harze, Zucker, Pflanzenschleime und Gerbstoffe. Die Früchte sind reich an Vitamin C.

Bereits in vorgeschichtlicher Zeit dienten die Früchte des Holunders als Nahrungs- und Färbemittel. In der Antike wurden Beeren, Blätter, Blüten und Wurzeln als Arzneimittel verwendet. Die Volksmedizin verwendet viele dieser Rezepte noch heute – nicht von ungefähr wurde der Holunder, der selbst auf dem kärgsten Anwesen freigebig wuchs, „die Apotheke des armen Mannes" genannt. Die Blüten dienten vor allem zur Teebereitung, und man verwendete sie als schweißtreibendes Mittel bei Fieber und Grippe. Der aus den Beeren gewonnene Saft ist zudem ein wohlschmeckendes Mittel bei Husten und anderen Erkältungserkrankungen.

Schon Hippokrates (ca. 460–370 v. Chr.) und später auch der griechisch-römische Arzt Galen (etwa 129–199) verordneten

Holunderbeeren zur Entwässerung. Der römische Schriftsteller Plinius (23–79) schreibt in seinem Werk „Naturalis historia":
> „Beeren, Blätter und Wurzeln des Holunders, in altem Wein gekocht, schaden zwar dem Magen, aber sie wirken entwässernd. Die Beeren ... dienen auch zum Haarefärben."

Holunderblüten, in Milch gekocht, galten als Vorbeugungsmittel gegen Gicht und als schmerzlindernd bei akuten Anfällen.

Im Mittelalter wurden dem Holunder magische Kräfte zugeschrieben. Man glaubte, in ihm wohne ein guter Geist oder er sei der Baum der Frau Holle, der mit seiner Heilwirkung den Menschen diene. Deshalb war der Glaube weit verbreitet, daß das Abholzen eines Holunders Unglück und sogar Tod nach sich ziehen könnte.

Es ist erstaunlich, daß Hildegard von Bingen den vielseitigen Heilwirkungen des Holunders kaum Bedeutung beimißt. Sie schreibt sogar, daß er „wenig zum Gebrauch des Menschen" tauge. Lediglich ein Rezept gegen Gelbsucht gibt sie an:

Holunderdampfbad und Holunderwein

> „Wer Gelbsucht hat, gehe in ein Dampfbad und lege Blätter dieses Baumes auf erhitzte Steine und gieße Wasser darüber. Außerdem lege er seine Sprossen in Wein, damit dieser den Geschmack annimmt, und trinke mäßig davon während des Bades. Wenn er aus dem Bad kommt, lege er sich ins Bett, um zu schwitzem. Dies tue er oft, und er wird geheilt werden." (*Physica*)

Huflattich *Tussilago farfara*

Der Huflattich gehört zu den Korbblütlern und kommt nur auf der Nordhalbkugel vor. Es ist eine „Pionierpflanze", die hauptsächlich auf Schutt und Äckern wächst. Die goldgelben, auf bis zu 25 Zentimeter hohen, schuppig beblätterten Stengeln sitzenden Blüten erscheinen im Frühjahr bereits vor den Blättern. Der Huflattich enthält Schleimstoffe, Bitterstoffe, Gerbstoffe und Mineralsalze. Der deutsche Name bezieht sich wahrscheinlich darauf, daß die Blätter dieser Pflanze einem Hufabdruck gleichen. Der botanische Name setzt sich wohl aus den lateinischen Worten *tussis* (Husten) und *agere* (verjagen, vertreiben) zusammen.

Von den ältesten Naturärzten bis zu Kräuterpfarrer Kneipp wird die entzündungshemmende Wirkung des Huflattichs gelobt. Bereits der griechische Arzt Hippokrates (um 460–370 v. Chr.) benutzte die Wurzel (mit Honig und Milch vermischt) zur Behandlung von Lungenleiden. Bis heute verwendet man den Teeaufguß von Huflattichblättern gegen Husten (besonders Reizhusten), Bronchitis und Erkrankungen der oberen Luftwege. Zudem wird der Huflattichtee bei Hautausschlägen und zur Blutreinigung empfohlen.

Hildegard von Bingen empfiehlt Huflattich vor allem zur Behandlung von Hauterkrankungen. Sie begründet dies folgendermaßen:

> „Der großblätterige Huflattich ist kalt und feucht, und deswegen wächst er stark. In dieser Überspitzung und in seiner Kälte zieht er schlechte Säfte aus, wenn er auf Geschwüre gelegt wird." (*Physica*)

Man kann den Huflattich wegen eben dieser Eigenschaft aber auch sehr gut für die Schönheitspflege verwenden. Dazu finden Sie Rezepte im Band *Schönheitspflege*.

Ingwer *Zingiber officinale*

Der Ingwer kommt in den Tropengebieten Asiens in etwa 80 verschiedenen Arten vor. Es handelt sich dabei um bis zu 1 Meter 50 hohe Stauden mit einem kurzen, gedrungenen und meist aromatischen Wurzelstock. Die Wurzeln werden vor allem als Gewürz (z.B. für Lebkuchen oder das englische *ginger bread*) und zum Aromatisieren von Getränken – Ginger Ale – verwendet, aber sie werden auch kandiert oder als Konfekt verzehrt. In der Heilkunde gilt Ingwer als appetitanregendes, magenstärkendes und entzündungshemmendes Mittel.

In den ostasiatischen Ländern wird Ingwer seit ältesten Zeiten als Gewürz und Medizin verwendet. In chinesischen Arzneibüchern, in der Ayurveda-Medizin und im jüdischen Talmud wird Ingwer mehrfach erwähnt. Über die Römer wurde der Ingwer etwa im 8. oder 9. nachchristlichen Jahrhundert auch in den germanischen Ländern bekannt.

Hildegard von Bingen schreibt über den Ingwer:
> „Er ist warm und ausgedehnt – das heißt: zerfließlich –, und sein Genuß schadet einem gesunden und fetten Menschen, weil er ihn unwissend, unkundig, matt und züngellos macht."
> (*Physica*)

Menschen, die eher „von trockener Natur" – also mager – sind, sei er dagegen sehr zu empfehlen, besonders wenn sie sehr geschwächt sind:
> „Wer in seinem Körper trocken ist und schon fast stirbt, der pulverisiere Ingwer und nehme nüchtern dieses Pulver mäßig in Suppen und esse es mäßig in Brot, und es wird ihm besser. Aber sobald es ihm bessergeht, esse er es nicht mehr, damit er davon nicht Schaden nimmt." (*Physica*)

Ingwertörtchen

Auch als traditionelles Magenmittel empfiehlt Hildegard den Ingwer:

> „Wer unter Verstopfung im Magen und im Bauch leidet, der pulverisiere Ingwer und mische dieses Pulver mit ein wenig Saft der Ochsenzungepflanze. Aus diesem Pulver und Bohnenmehl mache er Törtchen und backe sie im Ofen, dessen Feuerhitze etwas nachgelassen hat. Er esse diese Törtchen oft nach dem Essen und nüchtern. Dies mindert den Unrat im Magen und stärkt den Menschen." (*Physica*)

Johanniskraut

Hypericum perforatum (Tüpfeljohanniskraut)

Johanniskraut gibt es in den gemäßigten und subtropischen Gebieten in mehreren hundert Arten – als Kräuter, Sträucher und sogar als Bäume. Bei uns ist das Tüpfeljohanniskraut (*Hypericum perforatum*) am meisten verbreitet, eine etwa 30 bis 60 Zentimeter hohe Staude mit gelben Blüten.

Früher glaubte man, das Johanniskraut vertreibe böse Geister. Es gab eine Tradition, die vorschrieb, daß es zu diesem Zweck nur am 24. Juni, dem Tag Johannes des Täufers, um die Mittagszeit gepflückt werden durfte, um wirksam zu sein. Dies war bereits in vorchristlicher Zeit der Tag der Sommersonnenwende, der festlich begangen wurde und mit dem verschiedene uralte Bräuche verbunden waren. So trug man etwa beim Tanz um das Sonnenwendfeuer Kränze aus dem blühenden Kraut als Zeichen der Verbundenheit mit den Lichtkräften.

Während die alten Kelten und Germanen im Fünfstern der Blüte nicht nur die eingefangene Kraft der Sonne sahen, sondern ihn auch als Symbol der guten Kräfte ansahen (der Fünfstern war das heilige Symbol der Druiden), galten die Blüten für die Christen als die fünf Wundmale des gekreuzigten Christus, vor allem deshalb, weil sie kleine Perforationen aufweisen. Wenn man die Johanniskrautblüten zerreibt, tritt ein blutroter Saft aus.

Altbekannt ist die Wirksamkeit des Johanniskrauts zur Blutstillung und Wundheilung. Heute verwendet man vor allem den Tee als natürliches und nebenwirkungsfreies Mittel gegen Depressionen, der bei 2 Tassen am Tag bereits nach einer Woche eine deutlich gemütsaufhellende Wirkung zeigt. Es ist bedauerlich, daß Hildegard von Bingen über diese Tatsachen noch

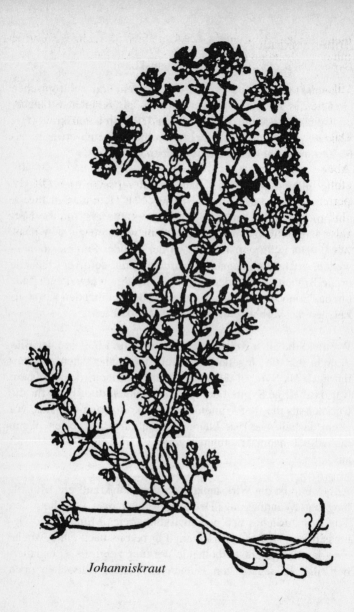

Johanniskraut

nichts wußte, denn sie beschäftigte sich ja recht ausführlich mit der Behandlung von depressiven Zuständen.

Hildegard schreibt über das Johanniskraut:
"Für die Medizin taugt es nicht viel, weil es ein verwildertes und vernachlässigtes Kräutlein ist." (*Physica*)
Dagegen meint sie:
"Es taugt für das Vieh auf der Weide." (*Physica*)
Aber gerade dabei sollte man vorsichtig sein, denn die Inhaltsstoffe des Johanniskrauts – vor allem der Hauptwirkstoff Hypericin – könnten nach dem Verfüttern an Tiere unter dem Einfluß von Sonnenbestrahlung an unpigmentierten Hautstellen (also vor allem Ohren, Schnauzen, Bauchunterseite usw.) Entzündungen verursachen.

Kampfer *Cinnamomum camphora*

Beim Kampferbaum handelt es sich um ein Lorbeergewächs. Der Kampferbaum ist in Japan und China beheimatet und kann bis zu 40 Meter hoch werden. Alle Pflanzenteile enthalten Kampfer, der durch Wasserdampfdestillation gewonnen wird.

In Ostasien und Indien wurde der Kampfer bereits im Altertum als Heil- und Räuchermittel verwendet, außerdem zum Einbalsamieren von Leichen. Den Römern und Griechen war der Kampfer unbekannt. Erst durch die arabischen Ärzte gelangte er im Mittelalter nach Europa. Kampfer war ein wichtiger Bestandteil der „Riechfläschchen", die die Frauen vergangener Jahrhunderte gegen Ohnmachten und Unwohlsein verwendeten. Übrigens kann diese Wirkung heute noch genutzt werden, etwa indem man bei Schwächezuständen an einem mit Kampferkristallen gefüllten Fläschchen schnuppert. So schreibt denn auch Hildegard von Bingen:

> „Wenn du krank bist, erhebt es dich auf wunderbare Weise und stärkt dich, wie die Sonne den trüben Tag erhellt."
> (*Physica*)

Kastanie *Castania sativa* (Edelkastanie)

Die Kastanie gehört zu den Buchengewächsen. Sie stammt aus Kleinasien, wird aber seit langem in Südeuropa und Nordafrika, seit der Römerzeit sogar in wärmeren Gebieten Deutschlands kultiviert. Die Kastanie kann bis 1 000 Jahre alt werden. Die großen Blätter sind stachelig gezähnt. Die weißen Blüten stehen gebüschelt in langen, aufrechten Blütenständen. Die Nußfrüchte (Eßkastanien, Maronen) sind von einer stacheligen Fruchthülle umgeben.

Bei der Ausbreitung der Kultur der Edelkastanie haben die Römer, die sie von den Griechen übernahmen, eine wesentliche Rolle gespielt. Später verbreiteten sie die Türken, auf deren kriegerische Einfälle nach Europa viele Vorkommen in Südosteuropa zurückzuführen sind. In seinem „Capitulare de villis" empfiehlt Karl der Große den Anbau der Edelkastanie. In Süddeutschland und Frankreich lebten die Bauern oft monatelang von Kastanien, denn diese stellen ein kräftiges und wohlschmeckendes Nahrungsmittel dar. Eßkastanien – die nicht mit den Früchten der in unseren Städten heimischen Roßkastanie (*Aesculus hippocastum*) verwechselt werden dürfen! – sind reich an Stärke und Fett und enthalten die Vitamine B und C.

Für Hildegard von Bingen gehört die Edelkastanie neben Fenchel und Dinkel zu den uneingeschränkt empfehlenswerten Lebensmitteln. Rezepte für die Küche finden Sie in den Bänden *Ernährungslehre* und *Küche aus der Natur*. Hildegard schreibt:

"Die Kastanie ist ihrer Natur nach sehr warm, hat aber eine große Kraft in sich, die der Wärme beigemischt ist, und bezeichnet die Weisheit. Was in ihr ist und auch ihre Frucht ist sehr nützlich gegen jede Schwäche des Menschen." (*Physica*)

So empfiehlt sie die Verwendung von Kastanien zur Linderung und Heilung zahlreicher Krankheiten, z. B. von Gicht, Kopfschmerzen, Herz-, Milz-, und Magenbeschwerden. Entsprechende Rezepte finden Sie im Band *Gesundheitsfibel*.

Auch in der Tiermedizin kann ihrer Erfahrung nach die Edelkastanie eingesetzt werden:

"Wenn eine Seuche das Vieh tötet, zerquetsche die Rinde des Kastanienbaumes und lege sie in Wasser, damit dieses den Geschmack davon annimmt, und gib dies oft in die Tränke für Esel und Pferde, Rinder und Schafe und Schweine und für alles übrige Vieh. Die Seuche wird von ihnen weichen, und sie werden geheilt werden." (*Physica*)

Auch wenn Tiere sich überfressen haben, kann die Edelkastanie Abhilfe schaffen:

„Wenn ein Pferd oder ein Rind oder ein Esel oder ein anderes Vieh zuviel gefressen hat, gib ihm die Blätter im Futter zu fressen, wenn es geht. Wenn das Tier diese nicht fressen will, pulverisiere die Blätter, und gib dieses Pulver ins Wasser. Gib ihm oft diesen Trank, und es wird geheilt werden."
(*Physica*)

Kirsche

Prunus avium (Süßkirsche), *Prunus cerasus* (Sauerkirsche)
Die Kirsche gehört zu den Rosengewächsen und ist eng mit der Pflaume verwandt. Süßkirschen kommen vor allem in Europa und Vorderasien (aber auch in Sibirien) vor. Die Bäume können bis zu 20 Meter hoch werden. Bei Kulturformen, vor allem bei der Herz- und Knorpelkirsche, sind die Früchte größer und wohlschmeckender als bei Wildformen. Sauerkirschen kommen im Kaukasus und in Kleinasien wild oder verwildert vor. Auf der Nordhalbkugel werden sie in vielen Arten kultiviert. Sie ähneln stark den Süßkirschen, besitzen aber hell- oder dunkelrote säuerliche Früchte.

Schon in vorgeschichtlicher Zeit war die Kirsche in fast ganz Europa verbreitet. In Kleinasien kannte man die veredelte Süßkirsche wahrscheinlich schon im 4. vorchristlichen Jahrhundert. Durch die Römer gelangte sie in die germanischen Gebiete und erfuhr im Mittelalter eine intensive züchterische Entwicklung.

Kirschen enthalten in großer Menge verschiedene natürliche Zuckerarten, etwas Ascorbinsäure und Vitamin A. Sie wirken harntreibend und abführend und sind eine Süßigkeit, die wegen ihres niedrigen Kaloriengehalts nicht dick macht.

Hildegard von Bingen empfiehlt hauptsächlich den Verzehr der Kerne, vor allem gegen Würmer und Aussatz. Vom heutigen

Stand der Medizin ist dies sicherlich *nicht* mehr vertretbar. Über die Früchte des Kirschbaums schreibt sie:

"Seine Frucht ist mäßig warm und weder sehr nützlich noch sehr schädlich. Dem gesunden Menschen schadet sie beim Essen nicht, aber dem kranken. Und demjenigen, der üble Säfte in sich hat, bereitet sie sogar ziemlichen Schmerz, wenn er viel davon ißt." (*Physica*)

Letzteres trifft allerdings – wie sicherlich viele Menschen aus Erfahrung wissen – auch dann zu, wenn man keine „üblen Säfte" in sich hat. „Allzuviel ist ungesund", sagt das Sprichwort mit Recht. Und vielleicht meint Hildegard genau dies, wenn sie den Kirschbaum folgendermaßen charakterisiert:

"Er ist mehr warm als kalt, und er ist ganz ähnlich dem Scherz, der Fröhlichkeit zeigt, aber auch schädlich sein kann." (*Physica*)

Knoblauch *Allium sativum*

Der Knoblauch ist ein stark riechendes Liliengewächs. Die Zwiebel ist im Reifezustand von zahlreichen kleinen Brutzwiebeln, den Knoblauchzehen, umgeben. Die Heimat des Knoblauchs ist Zentralasien, heute wird er allerdings auch in vielen anderen Ländern als Heil- und Gewürzpflanze angebaut und kann selbst in unseren heimischen Gärten kultiviert werden.

Knoblauch ist ein uraltes Volksheilmittel. Altägyptische Papyri berichten davon, daß die beim Bau der Pyramiden eingesetzten Arbeiter streikten, weil sie nicht genügend Knoblauch und Zwiebeln zu ihrer täglichen Nahrung erhielten. Sie brauchten beides, um sich für ihre Arbeit gesund und leistungsfähig zu erhalten. Diese Tatsache wird durch heutige wissenschaftliche Untersuchungen bestätigt. Aber Knoblauch wirkte auch vorbeugend und heilsam gegen die im ganzen Orient verbreitete Amöbenruhr.

Man verwendete die zerdrückten Knoblauchzehen außerdem zur Linderung und Desinfizierung bei Insekten- und Skorpionstichen. Vielleicht rührt daher der Volksglaube, daß Knoblauch Vampire fernhalte. Knoblauch enthält reichlich ätherische Öle (was man an seinem intensiven Geruch merkt), vor allem das schwefelhaltige Alliin. Darüber hinaus konnten im Knoblauch die Vitamine A und B1, C, Nikotinsäureamid, Jod, Hormone und Fermente festgestellt werden. Bei längerer Lagerung nimmt der Gehalt an wirksamen Substanzen deutlich ab – vor allem derjenige mit einem antibakteriellen Effekt.

Darüber wußte auch Hildegard von Bingen bereits Bescheid, denn in ihrer *Physica* schreibt sie:
> „Wenn aber der Knoblauch alt ist, dann vergeht sein gesunder und rechter Saft."

Außerdem empfiehlt sie, den Knoblauch möglichst roh zu essen:
> „Er muß roh gegessen werden, denn wer ihn kochen würde, würde daraus sozusagen verdorbenen Wein machen." (*Physica*)

Für Gesunde und Kranke ist er ihrer Meinung nach gesünder zu essen als Lauch. Aber Hildegard rät davon ab, zuviel Knoblauch zu essen, „damit das Blut im Menschen nicht übermäßig erwärmt werde". (*Physica*)

Kümmel *Carum carvi*

Der Kümmel gehört zu den Doldenblütlern und kommt hauptsächlich in Europa, Asien und Nordafrika vor. Bei uns finden wir ihn auf Wiesen und an Wegrändern, können ihn aber auch im Garten kultivieren. Der Kümmel wird 30 Zentimeter bis 1 Meter hoch, hat gefiederte Blätter, rübenförmige Wurzeln und kleine weiße bis rötliche Blüten. Die Samenfrüchte dienen als Gewürz (besonders bei schwerverdaulichen Speisen wie Kohl) und medizinisch vor allem als Mittel gegen Blähungen. Das Kümmelöl wird vielfach für Liköre und Schnäpse verwendet.

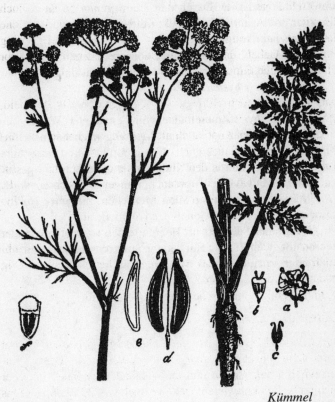

Kümmel

Kümmeltee ist ein altes Hausmittel gegen Übelkeit, Magenbeschwerden und Blähungen, das auch Kindern ohne Bedenken gegeben werden kann. Kümmelöl ist für Erwachsene empfehlenswert, die nach einer schwerverdaulichen Mahlzeit etwa 10 Tropfen davon auf ein Stückchen Zucker geben. So empfiehlt Hildegard von Bingen den Kümmel vor allem zu Käse (deshalb sind wahrscheinlich die mit Kümmel gewürzten Käse besonders bekömmlich!):

"Ein Mensch, der gekochten oder gebratenen Käse essen will, streue Kümmel darauf, damit er nicht davon Schmerzen leidet." (*Physica*)

Obwohl sie den Kümmel als "von gemäßigter Wärme und trocken" beschreibt, ist er ihrer Meinung nach hauptsächlich für jene Menschen geeignet, die "dämpfig" sind, also unter Lungenbeschwerden leiden. Ihnen ist er "nützlich und gesund zu essen, auf welche Weise auch immer er gegessen wird". (*Physica*) Dagegen rät sie allen Menschen, die unter Herzbeschwerden leiden, vom Genuß des Kümmels ab:

"Jenem, der Schmerz im Herzen leidet, schadet er, wenn er ihn ißt, weil er das Herz nicht vollkommen erwärmt, das immer warm sein muß." (*Physica*)

Kümmel enthält ätherische Öle und Gerbstoffe.

Lavendel *Lavandula angustifolia*

Der Lavendel gehört zu den Lippenblütlern und kann bis zu 60 Zentimeter hoch werden. Er kommt hauptsächlich im Mittelmeergebiet vor, kann aber auch bei uns kultiviert werden. Charakteristisch sind seine silbergrauen Blätter und die blauvioletten Blüten, vor allem aber der typische Duft. Nicht nur aus diesem Grund, sondern weil er auch für die Hautpflege sehr wirksam einzusetzen ist, erhielt der Lavendel seinen Namen, der vom lateinischen *lavare* (sich waschen oder baden) abgeleitet ist.

Das angenehm duftende ätherische Öl der Lavendelblüten ist seit alters her ein beliebter Badezusatz, der sich beruhigend auf das Nervensystem auswirkt – auch auf das Nervensystem der Luftröhre. Auf letztere Wirkung geht Hildegard von Bingen auch in ihrer *Physica* ein, wo sie einen Lavendelwein gegen Lungenbeschwerden empfiehlt:

Lavendelwein und Lavendelsud

„Wer Lavendel mit Wein oder, wenn er er keinen Wein hat, mit Honig und Wasser kocht und oft lauwarm trinkt, der mildert den Schmerz in der Leber und in der Lunge und die Dämpfigkeit seiner Brust."

Lein *Linum usitatissimum*

Der Lein, auch Flachs genannt, ist vorwiegend in der nördlichen gemäßigten Zone verbreitet. Er wird zwischen 30 Zentimeter und 1 Meter 20 hoch und hat weiße, meistens aber himmelblaue Blüten, wodurch die Leinfelder in der Landschaft zu einem wunderschönen Blickfang werden. Die Kapselfrüchte enthalten öl- und eiweißreiche Samen mit quellbarer, brauner Schale. Man unterscheidet zwischen Gespinstlein (vor allem zur Fasergewinnung) und Öllein (zur Herstellung von Leinöl).

Der Lein ist eine der ältesten Kulturpflanzen. Aus seinen Stengeln wird schon seit Jahrtausenden Gewebe (Leinen), aus den Samen Leinöl hergestellt. Mit Recht hat diese Pflanze die botanische Bezeichnung *Linum usitatissimum* (mit höchstem Nutzen). Der Mensch lernte schon frühzeitig, alles, was die Leinpflanze durch ihren Öl-, Eiweiß- und Fasergehalt hergab, für seine Zwecke zu nutzen.

Medizinisch genutzt werden vor allem die Samen des Leins. Sie haben krampflösende, reizlos abführende, die Schleimhaut einhüllend schützende, entzündungshemmende Eigenschaften. Der Leinsamen ist faser- und somit ballaststoffreich. Dies ist eine bei unserer heutigen Ernährungsweise sehr wesentliche Eigenschaft. Wer unter Verdauungsbeschwerden leidet, sollte deshalb unbedingt seinem Müsli, den Salaten, aber auch anderen Speisen immer etwas Leinsamen hinzufügen.

Hildegard von Bingen empfiehlt Leinsamen vor allem zur äußerlichen Anwendung, etwa bei Schmerzen, Milzbeschwerden oder bei Brandwunden. Entsprechende Rezepte finden Sie in der *Gesundheitsfibel*. Zur Haut- und Schönheitspflege läßt Leinsamen sich ebenfalls gut verwenden. Dazu finden Sie Rezepte im Band *Schönheitspflege*.

Liebstöckel *Levisticum officinale*

Der Liebstöckel gehört zu den Doldenblütlern und kann bis 2 Meter hoch werden. Die Wurzel ist rübenförmig, die Blätter sind fiederschnittig, die Doldenblüten gelb. Alle Pflanzenteile enthalten ätherische Öle, die dem Liebstöckel den charakteristischen „Maggi"-Geruch geben – er wird deshalb auch Maggikraut genannt. Die Blätter werden als Küchengewürz verwendet, aus den getrockneten Rüben werden Kräuterschnäpse hergestellt. Der Liebstöckel stammt aus dem östlichen Mittelmeerraum und kann bei uns problemlos kultiviert werden.

Im Volksmund nennt man den Liebstöckel „Schluckwehrohr" und „Heiserrehrlich". Diese Beinamen verdankt er seiner heilsamen Wirkung bei Halsschmerzen. Die hohlen Stengel der Pflanze werden seit Jahrhunderten als Trinkrohre benutzt, um warme Milch dadurch zu schlürfen, wenn es im Hals zu kratzen beginnt. So empfiehlt Hildegard von Bingen den Liebstöckel vor allem bei Halsweh und Husten. Das Rezept für „Hildegards Hustenwein mit Salbei und Liebstöckel" u. a. finden Sie in der *Gesundheitsfibel*.

In der Medizin wird vor allem die Wurzel des Liebstöckels verwendet. Der aus der zerkleinerten Rübe gekochte Tee wärmt den Magen, entwässert und lindert Herzleiden. Auch die Blätter werden nicht nur als gesunde Würze, sondern auch als Tee gebraucht – vor allem bei Magenbeschwerden, Verdauungsschwierigkeiten und Blähungen.

Hildegard von Bingen empfiehlt den Liebstöckel zudem in der Tierheilkunde, vor allem bei Pferdekrankheiten. Sie rät z. B. bei Husten, der mit einem Ausfluß aus den Nüstern verbunden ist, zu folgendem Rezept:

„Dann soll der Mensch, der es befreien will, Liebstöckel nehmen und etwas weniger Brennessel. Das koche er in Wasser. Nach dem Abgießen des Wassers lasse er den Dampf in seine Nüstern und in sein Maul ziehen, während er es am Zügel hält. Es wird geheilt werden." (*Physica*)

Auch gegen Beschwerden in den Eingeweiden hilft der Liebstöckel ihrer Erfahrung nach dem kranken Pferd:

„Wenn aber das Pferd im Bauch wie von Bissen leidet, dann nehme der Mensch Liebstöckel und etwas weniger Brennessel. Das mische er oft unter sein Futter, damit es das gleichzeitig frißt, und es wird geheilt werden." (*Physica*)

Lilie *Lilium*

Lilien sind Zwiebelpflanzen, die in über 100 Arten in der gemäßigten Zone der nördlichen Halbkugel vorkommen. Bei vielen davon handelt es sich um zum Teil sehr alte Zierpflanzen.

Die Lilie wird auch Iris genannt – nach der griechischen Göttin des Regenbogens. So gibt es denn auch Lilien in allen Farbschattierungen: Weiß, Blau, Violett, Rosa, Rot, Braun und Gelb. In religiöser Hinsicht wurde die Weiße Lilie, auch Madonnenlilie (*Lilium candidum*) genannt, sehr geschätzt. Schon in ältesten Schriften der Perser und Syrer wird sie erwähnt, außerdem mehrfach im Alten Testament (im Hohenlied Salomos). Bei den Griechen war sie der Göttin Hera geweiht, im alten Rom der Göttin Juno.

In der frühchristlichen Kunst symbolisierte die Madonnenlilie Christus als Licht der Welt, im Mittelalter die Gnade Gottes. Hauptsächlich aber galt – und gilt – sie als Pflanze der Jungfrau Maria und ist als solche auf vielen Mariendarstellungen zu sehen, etwa bei der Verkündigung.

Hildegard von Bingen empfiehlt die Lilie vor allem gegen Ausschläge und Geschwüre. Als Hautpflegemittel war die Lilie zu allen Zeiten, besonders aber im Mittelalter beliebt. Nähere Angaben dazu finden Sie im Band *Schönheitspflege*.

Interessant ist Hildegards Anmerkung zum Duft der Lilie:
„Auch der Duft des ersten Aufbrechens, das heißt der Lilienblüte, und auch der Duft ihrer Blumen erfreut das Herz des Menschen und bereitet ihm richtige Gedanken." (*Physica*)

Sie sollten immer wieder einmal eine Lilienblüte in Ihre Vase stellen – um „das Herz zu erfreuen".

Die Lilie enthält neben Bitterstoffen und Stärke verschiedene Zuckerarten.

Lorbeerbaum *Laurus nobilis*

Der Lorbeerbaum ist eine charakteristische Pflanze des Mittelmeerraums. Die ledrigen Blätter des bis zu 12 Meter hohen Baumes sind immergrün und enthalten ätherische Öle. Getrocknet werden sie als Gewürz verwendet. Die schwarzblauen, beerenartigen Steinfrüchte enthalten neben ätherischem in reichem Maße (30 bis 40 Prozent) auch fettes Öl. Dieses wird ausgepreßt und vor allem als Rheumamittel zu Einreibungen verwendet.

Der Lorbeer war im alten Griechenland dem Gott Apollon geweiht. Er ist seit der Antike das Symbol des Sieges und des Ruhms, mit dem man Feldherren, Künstler und Sportler bekränzte. Seit alters her steht der Lorbeer in dem Ruf, vor ansteckenden Krankheiten, Feuer, Blitz und Zauber zu schützen. Im frühen Christentum wurden Verstorbene auf die immergrünen Lorbeerblätter gelegt, die als Lebenssymbol galten. Karl der Große empfahl den Lorbeerbaum in seinem „Capitulare de villis" zum Anbau in den kaiserlichen und Klostergärten. Rinde, Beeren und Blätter galten im ganzen Mittelalter als vielseitiges Heilmittel.

Hildegard von Bingen empfiehlt den Lorbeer gegen verschiedene Krankheiten, z. B. gegen Magenverstimmungen, Kopfschmerzen und Gicht. Sie schreibt über den Lorbeerbaum:
> „Er ist seiner Natur nach warm und hat etwas Trockenes. Er bezeichnet die Beständigkeit." (*Physica*)

Lungenkraut *Pulmonaria officinalis*

Das Lungenkraut gehört zu den Rauhblattgewächsen und kommt in Europa und Asien vor. Die niedrigen, weich behaarten Stauden tragen meist blaue oder purpurfarbene Blüten. Bei uns wächst das Lungenkraut vorwiegend in Laubwäldern. Im Garten wird Lungenkraut am besten im Schutz einer Laubhecke gepflanzt.

In der Volksmedizin galt – wie ja auch der Name schon sagt – diese Pflanze als ein bewährtes Lungenheilmittel. Als solches wird es auch von Hildegard von Bingen beschrieben. Das entsprechende Rezept finden Sie in der *Gesundheitsfibel*.

Interessant ist ein Vermerk Hildegards zur Tierheilkunde. Sie empfiehlt das Lungenkraut nämlich auch für Schafe, die ja besonders leicht an Lungenkrankheiten leiden. Von zahlreichen Schafzüchtern wird die Wirksamkeit dieses Mittels bestätigt.
> „Wenn die Schafe oft Lungenkraut fressen, werden sie gesund und fett, und es schadet auch ihrer Milch nicht." (*Physica*)

Melisse *Melissa officinalis*

Die Melisse gehört zu den Lippenblütlern. Die Blätter duften stark nach Zitrone und schmecken würzig. Die ursprünglich in Südeuropa, Nordafrika und Südwestasien beheimatete Melisse wird dort bis zu 1 Meter 25 hoch. Bei uns kommt sie mitunter wild an Waldrändern vor, wird aber zumeist im Garten angebaut.

Auffällig ist die Vielzahl ihrer volkstümlichen Namen: Zitronen-, Herz-, Bienen-, Nerven- und Mutterkraut. Einige dieser Namen deuten auf die Krankheiten hin, die mit der Melisse behandelt werden können. Dabei handelt es sich vor allem um nervöse Spannungen (auch der Verdauungsorgane), Herzbeschwerden und alle Arten von Frauenleiden. Da die Melisse auch den Namen Herztrost trägt, ist es kaum verwunderlich, daß der römische Naturwissenschaftler Plinius (23–79) sie gegen Hypochondrie und Hysterie empfahl.

Hildegard von Bingen beschreibt die Melisse als allgemein gemütsaufhellendes Mittel mit den folgenden schönen Worten:
„Die Melisse ist ihrer Natur nach warm. Ein Mensch, der sie ißt, lacht gern, weil ihre Wärme die Milz berührt und daher das Herz erfreut wird." (*Physica*)

Die Melisse enthält Harze, Bitterstoffe und ätherische Öle.

Minze *Mentha*

Die Minze gehört zur Gattung der Lippenblütler und kommt mit etwa 25 Arten in den gemäßigten Zonen vor allem Europas vor. Das bekannteste Anbaugebiet ist wohl England. Da die Minze sehr ausdauernd ist (und sich oft zu einem wahren „Unkraut" entwickeln kann), läßt sie sich sehr gut im Garten kultivieren.

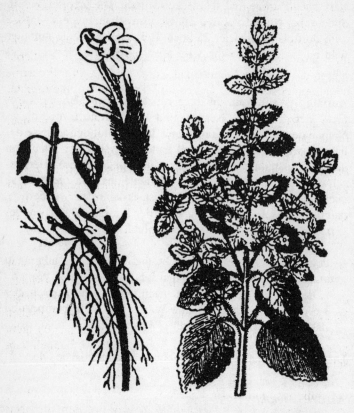

Melisse

Verschiedene Minzearten waren bereits im Altertum bekannt und wurden als Heilmittel von Ägyptern, Israeliten und Römern verwendet. In Ägypten und Griechenland wurde die Minze ebenfalls zur Herstellung von Schönheitsmitteln und zum Bierbrauen(!) verwendet. Der römische Dichter Ovid (43 v. Chr. – 17 n. Chr.) schreibt in seinen „Metamorphosen" darüber, wie die Minze entstand: Pluto, der Gott der Unterwelt, verliebte sich in die Nymphe Mentha und wurde seiner Gattin Proserpina untreu. Als sie ihren Gatten mit der Geliebten überraschte, verwandelte sie das Mädchen in einen Strauch – eben die Minze. Wahrscheinlich in Erinnerung an diese Strafe glaubte man früher, daß die Minze die Liebesleidenschaft abkühlt.

Plinius der Ältere geht noch weiter, denn er schreibt:
„Man glaubt übrigens, daß sie das Sperma gerinnen läßt und dadurch die Empfängnis verhütet."
Karl der Große empfiehlt die Minze in seinem „Capitulare de villis" zum Anbau.

Hildegard von Bingen erwähnt in ihrer *Physica* bereits vier verschiedene Minzearten: die Bachminze, die Wilde Minze, die Ackerminze und die Krause Minze. Die heute bekannteste Minze – die Pfefferminze mit ihrem sehr charakteristischen Geruch und Geschmack – war im Mittelalter hier noch nicht bekannt und wird erst um 1700 erwähnt. Wahrscheinlich kam sie aus England zu uns.

Über die verschiedenen Minzearten sagt Hildegard, daß sie zwar eine gewisse Kälte in sich hätten, aber trotzdem ihrer Natur nach eher warm seien. Mäßig gegessen nützten sie zwar dem Menschen nicht viel, schadeten ihm aber auch nicht. Sie empfiehlt sie vor allem zur Behandlung von Gicht, Magen- und Lungenleiden. Die Krause Minze (*Mentha crispa*) ist eine gute Speisewürze, um Verdauungsbeschwerden vorzubeugen:

„Und wie das Salz, mäßig verwendet, jede Speise mäßigt ..., so gibt die Krauseminze, wenn man sie dem Fleisch, dem Fisch oder Speisen oder dem Mus beifügt, jener Speise einen guten Geschmack und eine gute Würze, und so erwärmt sie ... den Magen und sorgt für eine gute Verdauung." (*Physica*)

Mohn *Papaver*

Mohngewächse kommen in rund 100 Arten in den gemäßigten Gebieten der Nordhalbkugel vor. Die Kräuter führen einen Milchsaft und können weiße, gelbe und violette Blüten haben. Unsere bekanntesten Arten haben rote Blüten. In den Kapselfrüchten sind die Mohnsamen enthalten.

Durch die modernen Spritzmethoden der Landwirtschaft findet man heute leider den Klatschmohn kaum noch an den Rändern der Getreidefelder, wo sein Rot neben dem Blau der Kornblumen das Auge erfreute. Die moderne Forschung hat heute längst herausgefunden, daß diese Pflanzen durchaus keine Acker*unkräuter* sind, sondern im Gegenteil viele Krankheiten vom Getreide fernhalten.

Der Klatschmohn (*Papaver rhoeas*) wird bis zu 90 Zentimeter hoch. Früher wurden die Kronblätter zur Herstellung roter Tinte verwendet. Sein Wirkstoff, das Rhoeadin, wirkt zwar auch beruhigend und schlaffördernd, ist aber im Gegensatz zum aus dem Schlafmohn gewonnenen Morphium ungefährlich und führt nicht zur Gewöhnung. Man kann ihn also unbesorgt als Tee trinken, z. B. in einer Mischung mit Lindenblüten. Im alten Griechenland wurden Klatschmohnblüten auch an Salate gegeben – eine Sitte, die sich in Italien bis ins 16. Jahrhundert hinein gehalten hat. Genau wie andere Blüten (Gänseblümchen, Veilchen) bilden Mohnblüten nicht nur eine gesunde, sondern auch eine ästhetische Bereicherung für einen Salat.

Der Schlafmohn (*Papaver somniferus*), auch Gartenmohn genannt, kann bis zu 1 Meter 50 hoch werden. Seine Blüten sind wesentlich größer, kräftiger und glänzender als die des Klatschmohns. Er wird seit langem im östlichen Mittelmeergebiet, in Vorderasien und Indien und seit dem 18. Jahrhundert auch in Mitteleuropa angebaut. Aus den unreifen Fruchtkapseln wird das Opium gewonnen. Wegen seiner beruhigenden und schmerzstillenden Wirkung wird Opium als Rauschmittel mißbraucht. Gereinigtes Opium wird als schmerzstillendes Arzneimittel verwendet, vor allem bei der Herstellung von Morphinen. Nach dem Betäubungsmittelgesetz ist der Anbau von Schlafmohn in Haus- und Kleingärten grundsätzlich verboten.

Allerdings gibt es neben dem Mohn mit weißen und schwarzen Samen auch blausamige Mohnarten. Diese sind opiumfrei und finden vor allem in der Bäckerei Verwendung. Möglicherweise bezieht Hildegard von Bingen sich auf diese Art, wenn sie schreibt:
„Seine Körner führen, wenn man sie ißt, den Schlaf herbei." (*Physica*)
Auch sollen sie den Juckreiz verhindern, der durch „rasende Läuse und Nissen" entstehen kann. Mohn sollte man nach Hildegards Meinung lieber roh als gekocht essen. Das Mohnöl empfiehlt sie nicht, weil es seiner Natur nach kalt sei, während die Körner warm seien.

Muskatnuß *Myristica fragans*

Der Muskatnußbaum wird bis zu 20 m hoch und ist immergrün. Seine pfirsichartigen Früchte enthalten einen einzigen, fälschlich als Nuß bezeichneten Samen – die Muskatnuß. Hauptanbauländer sind heute Indonesien und die Antilleninsel Grenada.

Die Muskatnuß wurde im Mittelalter durch arabische Ärzte eingeführt. Seit dem 12. Jahrhundert dient sie als Gewürz. Bis weit ins 18. Jahrhundert hinein wurde sie ausschließlich auf den Banda-Inseln angebaut, die zur Gruppe der Ost-Molukken gehören. Die europäischen Eroberer im 16. Jahrhundert waren bestrebt, die vorgefundenen Naturschätze für sich zu nutzen und den Export der Muskatnüsse ausschließlich über Portugal zu leiten. Um jede Konkurrenz auszuschließen, ließen sie die Muskatbäume auf den anderen Inseln vernichten. Die Holländer, die ihnen die Inseln später abnahmen, verboten ebenfalls die Anpflanzung in benachbarten Gebieten. Um ganz sicherzugehen, wurden alle Muskatnüsse in Kalkmilch getaucht und dadurch keimunfähig gemacht.

Der weiße Überzug der Nüsse wurde so sehr zum Charakteristikum einer echten Muskatnuß, daß man sie noch bis in unsere Zeit kalkte, obwohl der ursprüngliche Grund dafür längst entfallen war. Denn seit etwa 1800 wird der Muskatbaum fast weltweit in tropischen Gebieten angebaut.

Hildegard von Bingen lobt die Muskatnuß ohne jede Einschränkung:
> „Die Muskatnuß hat große Wärme und eine gute Mischung in ihren Kräften. Wenn ein Mensch sie ißt, öffnet sie sein Herz, reinigt seinen Sinn und bringt ihm einen guten Verstand." (*Physica*)

Es empfiehlt sich also, geriebenen Muskat möglichst häufig einzusetzen, vor allem, wenn man an Depressionen leidet.

Törtchen aus Muskat, Zimt und Nelken

Hildegard gibt auch ein Rezept für „gemütsaufhellende" Kekse an:
> „Nimm Muskatnuß und im gleichen Gewicht Zimt und etwas Nelken und pulverisiere sie. Dann stelle aus diesem Pulver und Mehl und etwas Wasser Törtchen her. Iß diese

oft, denn sie dämpfen die Bitterkeit des Herzens und des Sinnes, sie öffnen dein Herz und deine stumpfen Sinne und mindern alle schädlichen Säfte in dir, verleihen deinem Blut einen guten Saft und machen dich stark." (*Physica*)

Myrrhe *Commiphora*

Bei der Myrrhe handelt es sich um ein Gummiharz, das aus verschiedenen Myrrhesträuchern (z. B. *Commiphoramolmol*) gewonnen werden kann. Diese gehören zur Gattung der Balsamstrauchgewächse und kommen in fast 200 Arten in den trocken-warmen Gebieten Afrikas, Arabiens, Madagaskars, Indiens und Südamerikas vor. Das sich verfestigende Harz der kleinen, dornigen Bäume oder Sträucher wird von den duftenden Stämmen und Ästen auf natürliche Art ausgeschieden. Durch Anritzen kann der Ertrag gesteigert werden.

In den „Metamorphosen" des römischen Dichters Ovid (43 v. Chr. – 17 n. Chr.) finden wir die Sage von der Entstehung des Myrrhenstrauches: Danach entbrannte die Königstochter Myrrha in Leidenschaft zu ihrem Vater und verführte ihn, ohne daß er sie erkannte. Als er entdeckte, daß sie seine Tochter war, vertrieb er sie. Aber die Götter erbarmten sich ihrer und verwandelten sie in einen Myrrhenbaum. Als Baum brachte sie ihren Sohn Adonis zur Welt. Zwar weinte sie noch immer über ihr Unglück – aber ihre Tränen wurden zu kostbarem Harz.

Mit der Myrrhe salbten bereits die Juden ihre Bundeslade. Im Neuen Testament gehört das Harz neben Weihrauch und Gold zu den Kostbarkeiten, die die Heiligen Drei Könige dem neugeborenen Jesuskind darbrachten.

Das Harz enthält neben ätherischen Ölen auch Bitterstoffe. Es wird vor allem als Räuchermittel verwendet. In der Medizin dient es – meistens als Myrrhen-Tinktur – zur Behandlung von

Entzündungen im Bereich der Mundhöhle. Hildegard von Bingen empfiehlt es – wohl in Anlehnung an die griechisch-römische Mythologie – vor allem als Mittel, um übermäßige sexuelle Begierden zu dämpfen. Entsprechende Rezepte finden Sie in der *Gesundheitsfibel*.

Odermennig *Agrimonia eupatoria*

Der Odermennig gehört zur Gattung der Rosengewächse. Es handelt sich dabei um ein ausdauerndes Kraut in den gemäßigten Breiten der nördlichen Halbkugel, das man häufig an Wegrändern und auf Wiesen findet. Es kann bis zu 1 Meter hoch werden und hat goldgelbe Blüten.

Schon im alten Ägypten kannte man den Odermennig. Er wird bereits im 6. Jahrhundert v. Chr. im berühmten Papyrus Ebers als Augenheilmittel erwähnt – eine Anwendung, von der auch Hildegard von Bingen berichtet. Der Zusatz *eupatoria* im botanischen Namen des Odermennigs soll auf Mithridates Eupator (Mithridates den Großen), den König von Pontus, zurückgehen, der ihn als Arzneimittel bekannt machte. Mithridates war seit 120 v. Chr. König. Der griechische Arzt Dioskurides (er lebte im 1. vorchristlichen Jahrhundert) empfahl den Odermennig, um den Organismus von allen bösen Säften zu reinigen.

Auch Hildegard von Bingen rät zum Odermennig, um Schleim und Speichel aus dem Organismus zu entfernen. Da sie geistige Erkrankungen auf ein Ungleichgewicht der bösen Säfte zurückführt, soll ein Wahnsinniger mit Odermennigwaschungen und -kompressen behandelt werden.

Ein weiteres Rezept über die Behandlung von „Aussatz" bezieht sich wahrscheinlich auf Geschlechtskrankheiten. Es mutet heute in der Tat etwas „mittelalterlich" an, soll aber der Kuriosität wegen hier erwähnt werden:
„Wenn ein Mensch von Begierde und Unenthaltsamkeit aussätzig wird, dann koche er in einem Kochtopf Odermennig, und entsprechend dessen drittem Teil Ysop sowie Gundelrebe, zweimal soviel wie die vorigen zwei. Daraus bereite er ein Bad und mische Menstruationsblut darunter, soviel er bekommen kann, und setze sich dann in das Bad." (*Physica*)

Odermennig

Ölbaum/Olivenbaum *Olea europaea*

Der Olivenbaum, der übrigens mit unserem heimischen Flieder verwandt ist, kommt in etwa 20 Arten in den tropischen und warmen Gebieten der Alten Welt vor. Er kann bis zu 20 Meter hoch werden, und seine Krone erreicht mitunter einen Umfang von 50 Metern. An der Basis seines Stammes behält er bis ins höchste Alter ein Gewebe, das in der Lage ist, sowohl Schößlinge als auch Wurzeln zu entwickeln, während der ursprüngliche Stamm im Innern allmählich abstirbt. So erreicht der Ölbaum oft ein sehr hohes Alter von bis zu 2000 Jahren.

Seine Blätter, die an der Oberseite graugrün und auf der Unterseite weißlich sind, werden erst abgeworfen, wenn sich im Frühjahr die neuen Blätter entfaltet haben. So erscheint der Ölbaum das ganze Jahr über grün. Die Frucht des Ölbaums ist die Olive, eine Steinfrucht mit weißlicher bis dunkelblauer Oberhaut, einem ölreichen Fruchtfleisch und einer harten Steinschale, die den Keimling umschließt.

Der Ölbaum wird schon seit uralten Zeiten kultiviert. Er stammt aus dem Mittelmeerraum. Den alten Ägyptern, Hebräern und Griechen war er bekannt, und er genoß bei ihnen große Verehrung. Die griechische Göttin Athene soll ihn eigenhändig auf die Akropolis gepflanzt haben. Er galt als ein Symbol des Friedens – die von Noah von der Arche ausgesandte Taube brachte einen Ölzweig zurück. Auch die Sieger der Olympischen Spiele wurden für ihren Erfolg im friedlichen Wettstreit mit einem Kranz aus Ölbaumzweigen belohnt. Der römische Schriftsteller Plinius (23–79) schreibt in seiner „Naturalis historia":

„Zwei Flüssigkeiten gibt es, die dem menschlichen Körper angenehm sind: innerlich der Wein, äußerlich das Öl. Beide kommen von Bäumen."

Es ist interessant, daß Hildegard von Bingen das Olivenöl ebenfalls nur zur äußeren Anwendung empfiehlt, denn „das Olivenöl taugt nicht viel zum Essen, weil es Übelkeit hervorruft und andere Speisen schlecht genießbar macht". (*Physica*)
Dabei ist kaltgepreßtes Olivenöl nach den ernährungswissenschaftlichen Erkenntnissen unserer Zeit ein besonders wertvolles, den Körper nicht belastendes Fett, das sowohl zum Braten und Kochen als auch zum Anmachen von Salaten verwendet werden kann. Hildegard empfiehlt es vor allem zur Behandlung von Gicht und Kopfschmerzen. Rezepte finden Sie in der *Gesundheitsfibel*.

Petersilie *Petroselinum*

Die Petersilie ist das bei uns wohl am häufigsten verwendete Küchenkraut. Sie gehört zur Familie der Doldenblütler und kommt vor allem im Mittelmeergebiet und in Mitteleuropa vor. Sie hat eine rübenförmige, schlanke Wurzel, die neben den Blättern ebenfalls als Küchenwürze verwendet wird (etwa im „Suppengrün"). Die Petersilie wird vor allem wegen ihres Gehalts an ätherischem Öl und wegen ihres Vitamin-C-Gehaltes als Heil- und Gewürzpflanze geschätzt. Außerdem enthält sie Eisen, Kalzium, Magnesium, Phosphor und Mangan sowie zahlreiche Spurenelemente.

Bei den Isthmischen Spielen, die in vorchristlicher Zeit alle zwei Jahre auf der Landenge von Korinth ausgetragen wurden, wurden die Sieger mit Petersilienkränzen geschmückt. Die Petersilie galt zudem als Aphrodisiakum. Schon der griechische Schriftseller Homer (er lebte im 8. vorchristlichen Jahrhundert) beschreibt in seiner *Odyssee*, daß die Insel Ogygia von einem wahren Petersilienteppich bedeckt gewesen sei. Auf dieser Insel hielt die Göttin Calypso Odysseus sieben Jahre lang gefangen.

Der griechische Arzt Hippokrates erwähnt die Petersilie als ein vorzügliches harntreibendes Mittel. Sein Kollege Dioskurides beschreibt sie als stark menstruationsfördernd. Deshalb wurde seit Jahrtausenden die Petersilie dafür verwendet, Abtreibungen vorzunehmen oder zu versuchen. Weil die Menge mitunter nicht richtig dosiert war, konnte dies tödliche Folgen haben. Im Limburgischen wurde unkeuschen Mädchen noch bis vor nicht allzulanger Zeit zum Zeichen der Mißbilligung ein Strauß Petersilie an die Tür gesteckt. Und noch heute finden sich in einigen – vor allem norddeutschen – Städten Straßen, die Petersiliengasse heißen – für Kenner einst ein untrügliches Indiz dafür, daß hier Freudenmädchen anzutreffen waren.

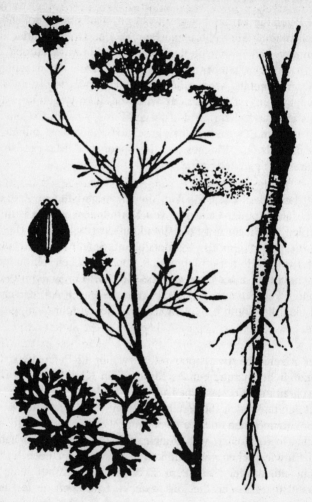

Petersilie

Hildegard von Bingen empfiehlt die Petersilie vor allem gegen leichtes Fieber, gegen Herz- und Milzbeschwerden, Gicht und vor allem bei Magenleiden. Rezepte finden Sie im Band *Gesundheitsfibel*. Wichtig ist die Zubereitungsform:

> „Sie ist für den Menschen besser und nützlicher roh als gekocht zu essen." (*Physica*)

Deshalb sollte Petersilie den Speisen erst kurz vor dem Verzehr beigefügt werden. So wird nicht nur ihr Aroma, sondern auch ihre Heilkraft am besten bewahrt.

Pfirsichbaum *Prunus persica*

Der Pfirsichbaum ist ein Rosengewächs und stammt ursprünglich aus China – deshalb ist der botanische Beiname *persica* etwas irreführend. Er wird in vielen Ländern der Erde angepflanzt, z. B. in Südeuropa, Kalifornien und Südamerika. Seine Frucht ist seidig behaart. Eine glattschalige Art ist die Nektarine.

Bereits im 3. vorchristlichen Jahrtausend wurde der Pfirsich nachweislich in China kultiviert und in verschiedenen Sorten angebaut. Um 200 v. Chr. finden wir ihn auch in Vorderasien. Von den Persern (deshalb der botanische Beiname) lernten die Römer den Pfirsich kennen, die ihn bald im gesamten Römischen Reich verbreiteten. Karl der Große (747–814) empfahl den Pfirsichbaum bereits in seiner Schrift „Capitulare de villis" zum Anbau in Schloß- und Klostergärten.

Der Pfirsich enthält neben verschiedenen Zuckerarten, Zitronen- und Apfelsäure und Pektinen auch die Vitamine A, B und C. Er wirkt krampflösend, harntreibend und abführend. Im Mittelalter wurden die Blätter, die Rinde und der Kern als Wurmmittel verwendet. Seltsamerweise geriet gerade zu dieser Zeit die Frucht in den Ruf, roh nicht genießbar zu sein, sondern nur nach dem Einlegen in Wein. Auch Hildegard von Bingen schreibt:

„Die Frucht des Baumes ist weder dem Gesunden noch dem Kranken bekömmlich, denn sie verursacht, daß die guten Säfte im Menschen unterdrückt werden und Schleim im Magen entsteht. Wer diese Frucht essen will, werfe die äußere Haut fort und ebenso den Kern. Was übrigbleibt, lege er in Wein, füge Salz und ein wenig Pfeffer hinzu – die so zubereitete Frucht wird ihm dann nicht schaden." (*Physica*)

Hildegard empfiehlt vor allem die Blätter, die Rinde und den Saft des Pfirsichbaumes zur medizinischen Anwendung – z. B. gegen Kopfschmerzen und Bronchialleiden.

Pflaumenbaum *Prunus domestica*

Der Pflaumenbaum gehört zur Familie der Rosengewächse und ist sehr nahe mit dem Schlehdorn verwandt. Er ist in zahlreichen Zuchtformen weit verbreitet. Der Pflaumenbaum kann zwischen 3 und 10 Meter hoch werden. Die Früchte können je nach Sorte gelblich/grün bis violett sein. Ihr Fruchtfleisch ist meistens gelblichgrün und sehr süß.

Schon in der Antike verwendeten Griechen und Römer die Pflaume nicht nur als Obst, sondern auch als Heilmittel vor allem bei Verdauungsbeschwerden. Dörrpflaumen sind eines der sanftesten und dabei wirksamsten Abführmittel, die es gibt. Man weicht einfach einige zerschnittene Trockenpflaumen am Vorabend in Wasser ein und ißt sie morgens auf nüchternen Magen – die Wirkung ist meistens sehr viel überzeugender als die eines Abführmittels. Statt die Pflaumen zu essen, kann man auch Dörrpflaumensaft trinken, den es in Reformhäusern, aber auch in vielen Supermärkten gibt. Frische Pflaumen werden auch heute noch in der Volksmedizin gegen Rheumatismus, Gicht, Steinerkrankungen und Leberleiden verordnet.

Hildegard von Bingen erwähnt in ihrer *Physica* eher die Heilkraft der Kerne, etwa als Wurmmittel. Wegen ihres Blausäuregehaltes sollte man allerdings *keine* Pflaumenkerne verwenden. Auch für magische Zwecke empfiehlt sie den Pflaumenbaum bzw. die Erde, in der er wächst:

„Wenn jemand durch magische oder verwünschende Worte von Sinnen gekommen ist, dann nimm Erde, die um die Wurzeln eines Pflaumenbaums liegt, und wärme sie stark am Feuer, bis sie glüht. Dann lege Raute und Flohkraut darauf, damit die Erde den Saft und den Duft dieser Kräuter aufnehmen kann. ... Mit diesen Kräutern umkleide den Kopf und den nackten Bauch und die nackten Seiten jenes Menschen, nachdem er gegessen hat, und binde ein Tuch darüber. Lege ihn ins Bett und decke ihn gut zu, damit er mit dieser Erdmischung gut schwitzt. Tue dies drei oder fünf Tage lang, und es wird ihm bessergehen. Denn wenn die alte Schlange magische und verwünschende Worte hört, nimmt sie diese auf und stellt jenem nach, über den sie ausgesprochen werden, wenn Gott ihn nicht schützt." (*Physica*)

Quitte *Cydonia oblonga*

Der Quittenbaum ist – wie auch der Apfelbaum – ein Rosengewächs. Er wird bis zu 8 Meter hoch und trägt birnen- oder apfelförmige Früchte. Das Fruchtfleisch ist hart und sehr aromatisch, aber roh nicht zu genießen. Deshalb werden die Früchte meistens zu Saft oder Konfitüre verarbeitet. Die Samen der Quitte enthalten Schleimstoffe, die zur Herstellung von Husten-, Magen- und Darmmitteln sowie von kosmetischen Emulsionen verwendet werden.

Die Quitte stammt ursprünglich aus Vorderasien. Ihr Name *Cydonia* weist auf die gleichnamige antike Stadt auf Kreta hin. Seit etwa dem 9. Jahrhundert wird sie auch nördlich der Alpen angepflanzt. Neben Apfel und Granatapfel galten auch die Früchte der Quitte im Altertum als Symbol der Liebe und der Fruchtbarkeit.

Hildegard von Bingen empfiehlt die Quitte für Gesunde und Kranke, vor allem, wenn sie gekocht oder gebraten wird. Sie schreibt:
> „Sein Holz und seine Blätter sind nicht sehr nützlich zum Gebrauch des Menschen. Seine Frucht ist warm und trocken und hat eine gute Mischung. Wenn sie reif ist, schadet sie roh gegessen weder dem gesunden noch dem kranken Menschen. Aber vor allem gekocht oder gebraten ist sie dem Kranken und dem Gesunden sehr bekömmlich." (*Physica*)

Sie empfiehlt die Quitte vor allem bei Gicht (innerlich) und gegen Geschwüre (äußerlich). Rezepte finden Sie im Band *Gesundheitsfibel*.

Raute *Ruta graveolens*

Die Wein- oder Gartenraute ist ein etwa 50 Zentimeter hohes, aromatisch duftendes Strauchgewächs. Heimisch ist sie auf der Balkanhalbinsel und in Italien. Bei uns findet man sie auch verwildert. Man kann diese alte Heil- und Gewürzpflanze sehr gut im Garten anbauen.

Hildegard von Bingen schreibt von der Raute, daß sie „gut ist gegen die trockenen Bitterkeiten, die in jenen Menschen wachsen, in denen die richtigen Säfte fehlen". (*Physica*) Sie empfiehlt, die Raute eher roh als pulverisiert zu essen. Das sollte leichtfallen, denn die Weinraute ist nicht nur ein gesundes, sondern auch ein sehr wohlschmeckendes Gewürz, das sich vor allem für Salate und Gemüsegerichte eignet und – wenn man sie nach dem Essen zu sich nimmt – alle Speisen bekömmlicher macht.

Hildegard rät vor allem Menschen, die zu Melancholie und Depressionen neigen, zur Verwendung der Raute:
> „Denn die Wärme der Raute vermindert die unrechte Kälte der Melancholie. Und so wird es dem Menschen, der melancholisch ist, besser gehen, wenn er sie nach anderen Speisen ißt." (*Physica*)

Ringelblume *Calendula officinalis*

Die Ringelblume gehört zu den Korbblütlern und ist vor allem im Mittelmeerraum und in Vorderasien heimisch. Es handelt sich dabei um einjährige oder ausdauernde Kräuter mit gelben bis orangefarbenen Blütenkörbchen, die auch gerne in Ziergärten angebaut werden.

Gesichert ist die Beschreibung der Ringelblume erst in mittelalterlichen Handschriften, wie bei Hildegard von Bingen. Früher wurde die Ringelblume mit ihrem kräftigen Farbstaub zum Gelbfärben von Butter und Käse, aber auch zum Verfälschen des damals sehr kostbaren Safrans verwendet. So heißt ja auch ein altes Kinderlied: „Ringel-Ringelrose, Butter aus der Dose!"

In der Volksmedizin wurde und wird Ringelblumensalbe vor allem zur Behandlung schlecht heilender Wunden und Geschwüre verwendet. In diesem Zusammenhang ist es interessant, daß die Ringelblume im letzten Jahrhundert während des amerikanischen Sezessionskrieges (1861–1865) noch einmal zu besonderen Ehren gelangte: Die Feldärzte, denen es sehr häufig an Nachschub an Medikamenten und Arzneien mangelte, mußten sich häufig auf die Methoden der „alten Medizin" besinnen, um die Verwundeten zu versorgen. Sie verwendeten deshalb zur Behandlung von Wunden häufig den Saft der frischen Ringelblume – und rühmten begeistert deren Heilkraft.

Hildegard von Bingen hebt die Ringelblume vor allem deshalb hervor, weil sie „eine starke Grünkraft" – die von ihr so geschätzte *viriditas* – enthält. So empfiehlt sie sie gerade bei schwierigen Hautproblemen. Dazu finden Sie ausführliche Rezepte im Band *Schönheitspflege*.

Die starken Kräfte glaubt sie sogar gegen Gifte einsetzen zu können – auch in der Tierheilkunde. Sie schreibt:

„Wenn Rinder oder Schafe etwas Übles gefressen haben, so daß sie davon Blähungen bekommen, dann werde die Ringelblume zerstoßen und ihr Saft werde ausgedrückt. Dann werde ihnen mit etwas Wasser der Saft in ihre Mäuler eingeflößt, so daß sie davon kosten, und sie werden geheilt werden." (*Physica*)

Und sie fährt fort:

„Wenn ein Rind oder ein Schaf hustet, dann flöße Ringelblumensaft ohne Wasser in ihre Nüstern ein, und alsbald speien sie die schädlichen Säfte aus, und es wird besser mit ihnen." (*Physica*)

Roggen *Secale*

Der Roggen gehört zu den Süßgräsern. Er wird hauptsächlich in Nordeuropa und Sibirien angebaut. Er kann bis zu 2 Meter hoch werden und hat eine lange, vierkantige, während der Blütezeit leicht überhängende Ähre. Fast die Hälfte des angebauten Roggens wird als Viehfutter verwendet, aber er hat auch eine große Bedeutung als gesundes Brotgetreide. Das liegt daran, daß Roggenbrot nur langsam austrocknet und deshalb auch auf Vorrat gebacken werden kann – was vor allem von Bedeutung war, als es noch keine Gefriergeräte gab.

Der Roggen gelangte in der Jungsteinzeit als Unkraut von Anatolien nach Mitteleuropa. Da er die Klimaverschlechterung besser vertrug als z. B. der Weizen, wurde er bald zum wichtigsten Brotgetreide der Germanen. In vielen Sagen heißt es, daß Roggenbrei die Lieblingsspeise der Zwerge sei. Außerdem sollten Hexen nackt in Roggenfeldern baden, weil der darauf liegende Tau kräftigte und verjüngte.

Auch Hildegard von Bingen empfiehlt den Roggen – in Form von Roggenbrot – als hautverbessernde Maßnahme:

> „Wer Furunkeln an seinem Körper hat, welcher Art sie auch sind, lege Roggenbrot, das vorher am Feuer gewärmt oder warm vom Ofen gebracht und gebrochen wird, auf die Furunkeln. Die Wärme der darin enthaltenen Kräfte verzehrt sie und läßt sie verschwinden." (*Physica*)

Auch gegen Krätze und andere Kopfausschläge gibt sie ein Rezept mit Roggenbrot an:

> „Wenn jemand die Krätze auf dem Kopf hat, pulverisiere er die Kruste des Roggenbrots und streue das Pulver darauf, weil es dieses Übel wegnimmt." (*Physica*)

Nach drei Tagen soll als ergänzende Maßnahme die Kopfhaut mit Olivenöl eingerieben werden.

Rose *Rosa*

Wildarten der Rose kommen in Europa, Asien und Amerika (mit Ausnahme der tropischen und arktischen Gebiete) vor. Es gibt als Kulturformen inzwischen mehrere hundert Unterarten und Varianten der Rose. Ursprünglich stammt die Rose aus dem Orient und wurde zur Zeit der Kreuzzüge (11.–13. Jahrhundert) nach Europa eingeführt, wo sie schnell heimisch wurde. Es ist nicht ganz klar, ob Hildegard von Bingen sich in ihrem Text auf diese Rose bezieht oder ob sie die Heckenrose meint. Allerdings widmet sie dieser ein eigenes Kapitel, so daß es durchaus möglich sein kann, daß sie bereits die Damaszenerrose aus dem Orient kannte.

Schon in der Antike wurde die Rose als „Königin der Blumen" besungen. So findet sich in einem Fragment der griechischen Dichterin Sappho (um 600 v. Chr.) der Satz:

> „Wollte Jupiter eine herrschende Blume erwählen in erhabener Schönheit auf Feldern und Auen, so gäbe die Menschheit der Rose den Preis, so würde die Rose Königin sein."

Also war in Griechenland die Rose denn auch Aphrodite, der Göttin der Schönheit und Liebe, gewidmet.

In der christlichen Symbolik ist die Rose das Sinnbild des Paradieses. Als „Rose ohne Dornen" gilt sie als Symbol der Gottesmutter. Sie ist auch Attribut von verschiedenen Heiligen, vor allem der Heiligen Elisabeth von Thüringen, für die durch ein Wunder das gegen das Verbot ihres Mannes an die Armen verteilte Brot in Rosen verwandelt wurde.

Hildegard von Bingen empfiehlt die Rose unter anderem gegen Augenleiden und Geschwüre. Dazu finden Sie nähere Angaben in der *Gesundheitsfibel*. Aber auch in der Schönheitspflege fand die Rose zu allen Zeiten – und vor allem im Mittelalter – vielfältige Verwendung. Dazu finden Sie nähere Angaben im gleichnamigen Band.

Rose-Salbei-Riechpulver

Besonders interessant ist folgender Hinweis Hildegards:
> „Wer jähzornig ist, der nehme die Rose und weniger Salbei und zerreibe es zu Pulver. Und in jener Stunde, wenn der Zorn in ihm aufsteigt, halte er es an seine Nase. Denn der Salbei tröstet und die Rose erfreut." (*Physica*)

Aus den getrockneten Pflanzen läßt sich ein besänftigendes Riechpulver herstellen, das Sie in einem hübschen Flakon oder Keramiktöpfchen aufheben und bei Bedarf öffnen können. Aber Sie können beide Pflanzen auch trocknen und die Blätter und Blüten in einer hübschen Schale als wohltuendes Potpourri im Wohnraum aufstellen.

Salbei *Salvia officinalis*

Der Salbei gehört zu den Lippenblütlern und ist – vor allem in den Tropen und Subtropen – mit rund 900 Arten (!) vertreten. Als Heil- und Gewürzpflanze kann der Salbei auch bei uns im Garten kultiviert werden. Er wird bis zu 70 Zentimeter hoch. Seine graufilzigen, immergrünen Blätter duften aromatisch.

Karl der Große (747–814) empfahl diese Heilpflanze bereits für den Anbau in Klöstern und kaiserlichen Gütern („Capitulare de villis"). Die berühmte medizinische Schule im italienischen Salerno prägte den Spruch: „Wie kann jemand sterben, der Salbei im Garten hat?" Salbei galt über Jahrhunderte geradezu als Universalmittel und wurde auch zu Räucherungen während der Pestepidemien eingesetzt.

Hildegard von Bingen schreibt über den Salbei, daß er von warmer und trockener Natur sei und in seinem Wachstum mehr durch die Sonnenwärme als durch die Feuchtigkeit der Erde beeinflußt werde.

> „Und er ist nützlich gegen die kranken Säfte, weil er trocken ist. Roh und gekocht ist er gut für alle, die schädliche Säfte plagen, weil er diese unterdrückt." (*Physica*)

Neben dieser allgemeinen Empfehlung rät Hildegard zur Verwendung von Salbei vor allem bei Gicht und Appetitlosigkeit. Rezepte und Anwendungshinweise finden Sie im Band *Gesundheitsfibel*.

Salbei enthält Gerbsäure, Bitterstoffe, ätherische Öle und ein östrogenähnliches Hormon.

Schachtelhalm *Equisetum arvense* (Ackerschachtelhalm)

Schachtelhalme gehören – wie auch die Farne – zu den wenigen Pflanzen, die ihre Erscheinungsform seit den frühesten Erdzeitaltern nicht verändert haben. Es handelt sich dabei um

Salbei

ausdauernde Pflanzen mit Wurzelstöcken und aufrechten, einfachen oder verzweigten Halmen. Sie werden 20 bis 25 Zentimeter hoch und tragen keine Blüten; ihre Vermehrung findet durch Sporen statt. Als Kulturfolger findet man sie häufig auf feuchten Wiesen und an Wegrändern. Der Schachtelhalm enthält Kieselsäure, Kalzium, Eisen und Vitamin C.

Der botanische Name Equisetum leitet sich von zwei lateinischen Wörtern her: *equus* für Pferd und *setum* für Roßhaar. So wird der Schachtelhalm heute noch in Frankreich *queue-de-cheval*, also Pferdeschweif genannt. Hildegard von Bingen nannte ihn übrigens „Katzenzagel", also Katzenschwanz. Oft wird der Schachtelhalm auch als Zinnkraut bezeichnet. Wegen seiner Sprödigkeit und Härte benutzten ihn nämlich Goldschmiede und andere Handwerker, um ihre Werkstücke zu polieren. Diese Eigenschaft der Stengel kann man sich zunutze machen, um Silber- und Zinngeschirr zu putzen, ohne daß dieses Schrammen bekommt.

In der Medizin wurde Schachtelhalm vor allem wegen seiner harntreibenden und blutstillenden Kräfte geschätzt. Allerdings schreibt Hildegard von Bingen nichts darüber. Sie meint vielmehr, daß er „aus den lauen Kräften" der Erde entsteht, denn er hat „weder vollkommene Wärme noch vollkommene Kälte". (*Physica*) Deshalb könne er dem Menschen auch keine Kraft vermitteln.

Aber sie hält den Schachtelhalm für geeignet, um Fliegen zu vertreiben – eine Tatsache, die vor allem viele Landbewohner bestätigen können. Der Schachtelhalm wird in Büscheln in Haus und Stallungen aufgehängt. Man kann ihn aber auch in einem großen Topf mit Wasser kochen – der Dampf wirkt gegen Fliegen.

Schafgarbe *Achillea millefolium*

Die Schafgarbe gehört zur Gattung der Korbblütler und kommt in den gemäßigten Gebieten der Nordhalbkugel vor. Man findet sie besonders auf trockenen Böden, an Wegrainen, auf Wiesen und am Ackerrand. Sie wird etwa 50 Zentimeter hoch und hat hübsche, meistens weiße, mitunter aber auch rosafarbene Blütenstände.

Der botanische Name der Schafgarbe, *Achillea*, stammt aus der griechischen Mythologie: Als Achill bei der Belagerung von Troja durch den von Paris geschleuderten vergifteten Pfeil tödlich an der Ferse verwundet wurde (daher auch der Ausdruck „Achillesferse"), riet ihm die Göttin Aphrodite, die Schafgarbe zu verwenden, um wenigstens seine Schmerzen lindern zu können.

In China wurden – und werden – übrigens Schafgarbestengel für das Orakel, das berühmte *I Ging*, verwendet.

Die Schafgarbe enthält ätherische Öle, darunter eine Vorstufe des kostbaren Azulens (das in der Kamille enthalten ist), Gerbstoffe, Bitterstoffe und Mineralsalze, vor allem Kalium.
In der Volksmedizin wird Schafgarbentee vor allem gegen Leber- und Magenleiden verwendet. Aber auch gegen Menstruationsbeschwerden wird er – vor allem in der Zubereitung mit der selteneren rosafarbenen Schafgarbenblüte – eingesetzt.

Wie in der griechischen Mythologie wird die Schafgarbe auch von Hildegard von Bingen empfohlen, besonders für die Wundbehandlung, denn „sie hat gesonderte und feine Kräfte für Wunden (*Physica*)." Gerade der Wundreinigung mit Schafgarbe mißt sie besondere Bedeutung bei. Das entsprechende Rezept finden Sie im Band *Gesundheitsfibel*.

Schafgarbe

Schlüsselblume *Primula veris*

Die Schlüsselblume (auch Primel oder Himmelsschlüssel genannt) gehört zur Gattung der Primeln. Sie wächst auf Wiesen und an sonnigen Waldrändern Eurasiens. Ihre dottergelben Blüten sind wohlriechend, ihre Blätterrosetten behaart.

Um die Schlüsselblume ranken sich viele Geschichten und Mythen. So gilt sie seit jeher als eine Pflanze, die besonders mit der weiblichen Kraft verbunden ist. Im germanischen Kulturbereich war sie zunächst der Göttin Freya geweiht, danach der Jungfrau Maria. Nach letzterer erhielt sie auch den Namen „Himmelsschlüssel", weil man glaubte, daß Maria mit dieser Blume die Pforten des Himmels öffnen könnte.

Aber sie hat offensichtlich auch Kraft genug, um „den Himmel auf Erden" zu öffnen, denn Hildegard von Bingen empfiehlt die Schlüsselblume vor allem gegen Depressionen. Die entsprechenden Rezepte finden Sie in der *Gesundheitsfibel*. Sie beschreibt die Schlüsselblume folgendermaßen:
„Sie ist warm, und sie hat ihre ganze Grünkraft vom Scheitelstand der Sonne. Gewisse Kräuter werden ja vornehmlich von der Sonne, andere aber vom Mond, einige aber von Mond und Sonne gleichermaßen gestärkt. Aber die Schlüsselblume empfängt ihre Kräfte hauptsächlich von der Sonne." (*Physica*)
Nähere Angaben über die Einwirkung von Mond, Sonne und anderen Gestirnen finden Sie im Band *Mond und Sonne*.

Schwarzkümmel *Nigella sativa*

Der Schwarzkümmel gehört zu den Hahnenfußgewächsen und kommt vor allem im Mittelmeerraum vor. Er hat feine, gefiederte Blätter und einzeln stehende Blüten. Mitunter finden wir den Schwarzkümmel unter den Namen „Braut in Haaren",

„Jungfer im Grünen" oder „Gretel im Busch" auch in unseren Ziergärten. Zur Zeit erlebt der Schwarzkümmel als gesundheitsförderndes Mittel bei uns geradezu eine Renaissance.

Hildegard von Bingen rät allerdings davon ab, ihn innerlich anzuwenden:
> „Er ist keinem Menschen in einer Speise bekömmlich, weil er davon Schmerz hätte." (*Physica*)

Nur als Viehfutter sei er geeignet, weil er dort zwar nicht viel nütze, aber auch nicht viel Schaden anrichten könne.

Aber sie empfiehlt den Schwarzkümmel als eine Art Fliegenfänger:
> „Zerstoße Schwarzkümmel und mische ihm Honig bei. Streiche dies an die Wand, wo viele Fliegen sind. Und die Fliegen, die das kosten, werden krank und fallen und sterben." (*Physica*)

Dieses umweltfreundliche Rezept ist es sicherlich wert, ausprobiert zu werden – wobei man natürlich die Kümmel-Honig-Mischung nicht direkt auf die Wand auftragen sollte. Ein damit imprägnierter Stoffstreifen oder ein Teller mit dieser Mischung tut sicherlich denselben Dienst.

Süßholz *Glycyrrhiza glabra*

Beim Süßholz handelt es sich um einen Schmetterlingsblütler, der hauptsächlich in Europa und Asien angebaut wird. Der Strauch kann bis zu 2 Meter hoch werden. Von Bedeutung ist aber vor allem die Wurzel, die sehr süß ist und viele Meter lange Ausläufer haben kann. Aus dieser Wurzel werden z. B. die Grundstoffe für die Herstellung von Lakritze gewonnen.

In China und Japan wird das Süßholz seit Jahrtausenden als leichtes Abführmittel, vor allem aber zur Schleimlösung bei Erkältungen und grippalen Infekten verwendet. Es heißt, daß das Süßholz in diesen Ländern noch immer das am meisten verwendete Naturheilmittel ist. (Die berühmte Ginsengwurzel belegt dabei nur den dritten Platz.)

Hildegard von Bingen empfiehlt das Süßholz in ihrer *Physica* gegen verschiedene Beschwerden.
Gegen Heiserkeit, denn „es bereitet dem Menschen eine klare Stimme, auf welche Weise es auch immer gegessen wird".
Gegen Depressionen, denn „es macht den Sinn des Menschen mild".
Für eine gute Verdauung, denn „es erweicht den Magen zur Verdauung".

Süßholz enthält Bitterstoffe, die gut für den Magen und die Verdauung sind, außerdem Süßstoffe, die 50mal (!) süßer sind als Rohrzucker und heilsame ätherische Öle.

Tanne *Abies alba* (Weißtanne)

Die Weißtanne (auch Edel- oder Silbertanne genannt) ist in den Gebirgen Mittel- und Südeuropas heimisch. Sie wird über 50 Meter hoch und bis 500 Jahre alt. Die Tanne lieferte bereits in der jüngeren Steinzeit Nutzholz, das auch später für Bau-, Böttcher-, Schnitz- und Drechselarbeiten verwendet wurde. Aus den Stämmen wurden Schiffsmasten hergestellt. Heute wird die Weißtanne häufig als Weihnachtsbaum verwendet.

Rinde, Harz, Nadeln und Samen der Tanne werden schon von alters her zur Behandlung verschiedener Krankheiten genutzt – beispielsweise gegen Atemwegserkrankungen, Blasenkatarrh, Leberbeschwerden und Ausfluß. Hildegard von Bingen empfiehlt Präparate, die aus der Tanne hergestellt werden, vor allem gegen Kopfschmerzen, Magen- und Milzbeschwerden, aber auch bei Atemwegsproblemen. Rezepte finden Sie im Band *Gesundheitsfibel*.

Über die Tanne schreibt Hildegard von Bingen:
„Sie ist ihrer Natur nach mehr warm als kalt und enthält viele Kräfte. Sie bezeichnet die Tapferkeit. Denn an welchem Ort auch immer Tannenholz ist, hassen und meiden es die Luftgeister mehr als andere Orte. Zauber und Magie haben dort weniger Kraft und herrschen weniger vor als an anderen Orten." (*Physica*)

So heilsam die Tanne auch sein mag – es kann „Risiken und Nebenwirkungen" geben. Gerade der Duft des Tannenharzes kann zu Übelkeit und Schwindelgefühlen führen. Dazu schreibt Hildegard:
„Ihr Geruch peitscht die Säfte im Menschen auf, so daß sie geradezu eine Überschwemmung erzeugen. Der Mensch sollte deshalb den Geruch der Tanne nicht aufnehmen, es sei denn, daß andere Spezereien [Gewürze] und andere duf-

tende Kräuter ... beigegeben werden. So toben die Säfte im Menschen nicht übermäßig, sondern werden in Schranken gehalten und gestärkt, damit diese nicht zu einer Sturmflut aufgewühlt werden." (*Physica*)

Tannenharz sollte als Rauchwerk auf keinen Fall ungemischt verbrannt werden. Der Spaziergang durch einen duftenden Nadelwald dagegen wird wohl für kaum einen Menschen schädlich sein.

Thymian *Thymus vulgaris* und *Th. zygis*

Bei den Thymianarten, zu denen auch der bei Hildegard erwähnte Quendel (eine wilde Thymianart) gehört, handelt es sich um kleine Halbsträucher aus der Familie der Lippenblütler, die bis zu 20 Zentimeter hoch werden. Die Pflanzen bilden geradezu ein Gewirr von verholzten Stengeln mit rötlichen bis blauroten Blüten.

Der Thymian stammt aus dem Mittelmeerraum und steht dort seit Jahrtausenden in hohem Ansehen. Die Ägypter verwendeten ihn neben Weihrauch, Myrrhe und anderen Kräutern zum Einbalsamieren der Leichen hoher Würdenträger. In Griechenland war er der Liebesgöttin Aphrodite geweiht (deshalb wird er noch heute oft als Aphrodisiakum an viele Gerichte gegeben). Auch in Mitteleuropa läßt sich der Thymian kultivieren, muß allerdings gegen Frost geschützt werden. Man baute ihn bereits im Mittelalter in den Klostergärten an.

Für die Medizin ist vor allem interessant, daß der Thymian stark antiseptisch wirkt – also auch für die äußerliche Anwendung, z. B. durch Kompressen bei Wunden, geeignet ist. Doch er wirkt auch innerlich – vor allem als Nervenmittel gegen Ermüdungserscheinungen und Schwächezustände und ganz gezielt gegen Angst und Depressionen.

Hildegard von Bingen empfiehlt den Thymian als Würzmittel gegen alle schlechten Säfte im Menschen, die beispielsweise Lepra und Lähmungen verursachen können.

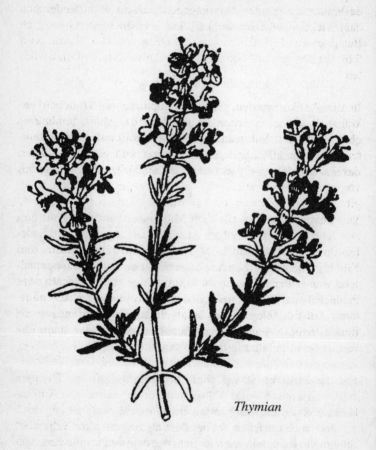

Thymian

Veilchen *Viola odorata* (Wohlriechendes Veilchen)

Die Gattung der Veilchengewächse kommt in rund 400 Arten in der nördlichen gemäßigten Zone sowie in den Gebirgen der tropischen und subtropischen Regionen vor. Das Wohlriechende Veilchen, das auch Märzveilchen genannt wird, findet sich hauptsächlich in Ziergärten, kommt aber auch wild häufig an Bachufern und in lichten Laubgehölzen vor. Die Staude wird 5 bis 10 Zentimeter hoch und hat dunkelviolette, duftende Blüten.

In der Antike wurden die Götterbildnisse mit Veilchen bekränzt. In der christlichen Symbolik ist das Veilchen als Zeichen der Demut Maria zugeordnet, wie etwa auf dem berühmten Gemälde „Die Veilchen-Madonna" von Stefan Lochner, das um das Jahr 1439 entstand. In der Volksmedizin wurden vor allem Hustenmittel aus Veilchen hergestellt. Noch heute gibt es in Apotheken und Reformhäusern hustenmildernde Veilchenpastillen zu kaufen.

Das kostbare, stark duftende Veilchenöl wurde Parfüms und Körperpflegemitteln zugesetzt. Dies geschah offensichtlich schon im antiken Griechenland, denn der griechische Lyriker Pindar (etwa 522–446 v. Chr.) besang bereits das „veilchenduftende Athen". Den Veilchenduft liebte auch Josephine de Beauharnais, Napoleons erste Frau, besonders – weshalb das bescheidene Veilchen zur Lieblingsblume des gar nicht bescheidenen Herrschers wurde und gleichzeitig zum Wahrzeichen der Bonapartisten.

Hildegard von Bingen schreibt über das Veilchen:
> „Seiner Natur nach ist es zwischen warm und kalt, aber vornehmlich von gemäßigter Wärme, und es wächst von der Lieblichkeit und Milde der Luft." (*Physica*)

Sie empfiehlt es vor allem gegen Kopfweh, Fieber und Depressionen. Rezepte finden Sie in der *Gesundheitsfibel*. Aber auch als milde Augencreme kann es verwendet werden. Dieses Rezept finden Sie im Band *Schönheitspflege*.

Walnuß *Juglans regia*

Die Walnuß finden wir in Eurasien, Nordamerika und in den nördlichen Anden. Die Bäume werden 15 bis 20 Meter hoch und haben unpaarig gefiederte Blätter, die durch ihre harzabscheidenden Drüsen aromatisch duften. Die Nüsse sind zunächst von der hellgelben, später braunen Samenschale umgeben. Ertragsfähig sind Walnußbäume erst ab ihrem 15. Jahr. Zwischen dem 30. und 60. Jahr liegt die Hauptertragszeit, in der je Baum etwa 50 Kilogramm Nüsse geerntet werden können.

Der schon von den Römern geschätzte Baum kam angeblich erst durch diese aus Asien nach Mitteleuropa. Ausgrabungsfunde aus Österreich sowie in der Nähe von oberitalienischen und süddeutschen Pfahlbauten zeigen aber, daß die Walnuß nicht erst durch die Griechen nach Italien kam und später durch die Römer nördlich der Alpen eingeführt wurde. Die Hauptanbaugebiete liegen allerdings auch heute noch in Frankreich, Italien, Rumänien und Kalifornien.

Karl der Große (747–814) empfiehlt in seinem „Capitulare de villis" die Anpflanzung des Walnußbaumes. Dieser scheint sich im Mittelalter vor allem in Süddeutschland rasch ausgebreitet zu haben. Schon die Griechen schrieben den Walnüssen geradezu wunderbare Kräfte zu. So genasen schwächliche Kinder und gebrechliche Greise oft erstaunlich schnell, wenn sie regelmäßig Walnüsse aßen. Belegt ist, daß bei der Belagerung Wiens die türkischen Heerführer die Kampfkraft ihrer Soldaten mobilisierten, indem sie ihnen reichlich Walnüsse zu essen gaben. Die Türken pflanzten damals sogar einen ganzen Wald von Walnußbäumen vor den Toren Wiens an.

Inzwischen hat man die Walnuß auf ihre Inhaltsstoffe hin analysiert und festgestellt, daß sie ein hochwertiger Eiweißspender

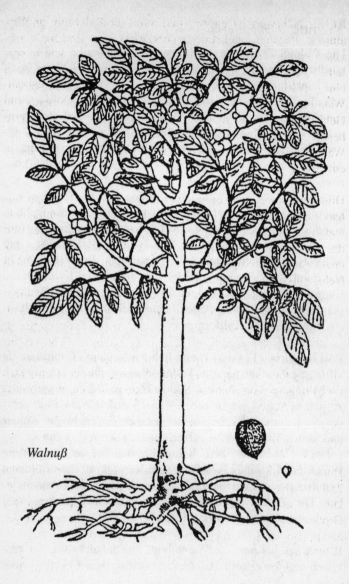

Walnuß

ist. Ihr Nährwert ist enorm, und auch ihr Reichtum an Vitamin B, Phosphor und Kalzium erklärt, warum sie gerade nervösen, erschöpften und genesenden Menschen neue Kräfte verleihen kann. Schon innerhalb kurzer Zeit fühlt man sich durch eine „Walnußkur" nervlich robuster. Außerdem stärken Walnüsse auch die Konzentrationsfähigkeit und aktivieren die Gehirntätigkeit. Damit wird die alte Weisheit früherer Ärzte bestätigt, daß „Ähnliches Ähnliches heilt": Da das Innere der Walnuß an ein Gehirn erinnert, kann es auch positiv auf dieses einwirken.

Hildegard von Bingen empfiehlt die Walnuß allerdings zur Behandlung anderer Beschwerden, z. B. der Gicht, der damals auch in Europa noch auftretenden Lepra, des Kopfgrindes und des Wurmbefalls. Allerdings kann sie die Walnuß nicht ganz uneingeschränkt empfehlen, weil es bei manchen Menschen zu Nebenwirkungen kommen kann:

„In einem Menschen, der viel Nüsse ißt ..., entsteht leicht Fieber. Gesunde Menschen können es überstehen, kranke dagegen nehmen Schaden. Das aus den Nüssen gepreßte Öl ist seiner Natur nach warm, und es macht das Fleisch fett und macht den Esser fröhlich. Allerdings nimmt davon der Schleim zu, so daß die Brust sich damit füllt. Jedoch Kranke wie Gesunde können diese Kost überstehen und ertragen." (*Physica*)

Wegerich *Plantago*

Die weltweit verbreiteten Wegerichgewächse kommen in etwa 250 Arten vor. Die Blätter sind meistens rosettenartig angelegt. Die bei uns am häufigsten vorkommenden Arten sind der Große Wegerich (*Plantago major*), auch Breitwegerich genannt, und der Spitzwegerich (*Plantago lanceolata*).

Der Wegerich galt bei Griechen, Römern und Germanen als Herrscher auf dem Weg in die Unterwelt und aus der Unterwelt. So hielten die Germanen die unscheinbaren Pflanzen für die Verkörperung der wieder ans Licht tretenden Seelen der Verstorbenen. Deshalb hatte die Pflanze auch die Macht, viele durch Kriegshandlungen, Unfälle und Anschläge entstandene Fleisch- und Knochenwunden zu heilen. Das galt vor allem für den Spitzwegerich, der wegen seiner lanzenförmigen Blätter (daher der botanische Beiname *lanceolata*) nach dem Ähnlichkeitsprinzip am geeignetsten zu diesem Zweck erschien. Während des Mittelalters und später gab es denn auch verschiedene Tränke, Tinkturen und Wundheilmittel, die aus Wegerich hergestellt wurden, beispielsweise das berühmte „Musketenwasser" der Barockzeit.

In der Volksmedizin wird der Wegerich vorwiegend gegen Erkrankungen der Atmungsorgane und der Blase verwendet. Es ist interessant, daß Hildegard von Bingen diese Anwendungsmöglichkeiten nicht erwähnt. Sie empfiehlt den Wegerich vor allem gegen Gicht- und Drüsenerkrankungen, aber auch gegen Insektenstiche. Rezepte finden Sie in der *Gesundheitsfibel*.

Aber auch zur Unterstützung des Heilungsprozesses nach einem Knochenbruch rät sie zu dieser Pflanze:
„Wenn einem Menschen an irgendeiner Stelle ein Knochen durch einen Unfall zerbrochen wird, dann schneide er Wegerichwurzeln in Honig und esse täglich auf nüchternen Magen etwas davon. Er koche auch mäßig die grünen Blätter der Malve und fünfmal soviel Blätter oder Wurzeln von Wegerich mit Wasser in einem neuen Topf, und er lege sie warm auf die Stelle, wo es schmerzt, und der gebrochene Knochen wird geheilt werden." (*Physica*)

Auch zur Abwehr eines Liebeszaubers soll der Wegerich helfen:

„Wenn ein Mann oder eine Frau einen Liebeszauber ißt oder trinkt, dann sollen sie Wegerichsaft mit oder ohne Wasser trinken und danach ein starkes Getränk zu sich nehmen. Danach werden sie sich leichter fühlen." (*Physica*)

Weihrauchbaum/Olibanum *Boswellia*

Der Weihrauch ist ein an der Luft getrocknetes Gummiharz, das aus mehreren Weihrauchstraucharten gewonnen ist. Dabei wird die *Boswellia* verwendet. Sie gehört zu den Balsambaumgewächsen und kommt hauptsächlich in den Trockengebieten Ostafrikas, der arabischen Halbinsel und Indiens vor. Es handelt sich um kleine Bäume oder Dornsträucher.

Das getrocknete Harz bildet gelbliche, rötliche oder bräunliche Körner, die bei normaler Temperatur fast geruchlos sind. Beim Erhitzen auf glühenden Kohlen entwickeln sie jedoch einen aromatischen Duft. Aus Weihrauch gewonnene ätherische Öle spielen etwa bei der Parfümherstellung und in der Aromatherapie eine Rolle.

Schon im 5. vorchristlichen Jahrtausend wurde Weihrauch zu Ehren orientalischer Götter geopfert. Die Ägypter verwendeten ihn außerdem als Heilmittel und zum Einbalsamieren der Leichen hochgestellter Würdenträger. Der Weihrauch bildete vor allem den Reichtum südarabischer Völker wie der Minäer und Sabäer (Königin von Saba). Von dort aus gelangte das kostbare Harz auf der Weihrauchstraße über Mekka und Medina auf der westlichen arabischen Halbinsel nach Ägypten, Phönizien, Mesopotamien, Kleinasien und in den Mittelmeerraum.

Im Neuen Testament gehört Weihrauch neben Myrrhe und Gold zu den kostbaren Gaben der Weisen aus dem Morgenland. In der christlichen Kirche wurde er ab dem späten 4. Jahrhundert als Ehrenerweis vor Bischöfen in Prozessionen, aber auch zur Luftverbesserung in Kirchen verwendet. Heute wird Weihrauch in der katholischen Kirche bei der Aussetzung des Allerheiligsten geschwenkt.

Hildegard von Bingen schreibt vom Weihrauch, daß er „die Augen erhellt und das Gehirn reinigt". (*Physica*) So gibt sie folgendes Rezept an:

Weihrauchtörtchen

„Nimm Weihrauch und pulverisiere ihn, füge etwas Feinmehl und auch Eiweiß bei und stelle daraus Törtchen her. Trockne diese an der Sonne oder auf einem warmen Ziegelstein und bringe sie oft an deine Nase. Der Geruch stärkt dich, erhellt deine Augen und füllt dein Gehirn." (*Physica*)
Außerdem empfiehlt Hildegard den Weihrauch zur Behandlung von Kopfschmerzen. Das Rezept finden Sie im Band *Gesundheitsfibel*.

Weinrebe *Vitis*

Bei der Weinrebe handelt es sich um eine Schlingpflanze. Ihr Stamm wird 10 bis 20 Meter lang. Daraus wachsen neben den Blättern die charakteristischen Ranken hervor. Der Wein stammt in seinen Wildformen aus dem östlichen Mittelmeergebiet und Vorderasien. Bei den heutigen Kulturformen werden inzwischen über 5 000 Sorten unterschieden.

Weinbau ist in der gesamten gemäßigten Zone der Nord- und Südhalbkugel möglich. So gibt es inzwischen hervorragende Weine auch aus Übersee – etwa aus Kalifornien, Chile und Australien. Bei uns wird der Wein hauptsächlich in Süddeutschland angebaut, aber auch in Ostdeutschland – etwa in Sachsen-Anhalt und Thüringen – gibt es kleine (wenn auch leider bedeutungslose) Anbaugebiete.

Die Kultur der Weinrebe ist uralt. So kennen wir bildliche Darstellungen des Weinbaus aus dem alten Ägypten um 3500 v. Chr. und wissen, daß dort um 3000 bereits sechs verschiedene Sorten bekannt waren. Dort war – wie auch in Mesopotamien – damals die Weinbereitung schon bekannt. Die Griechen lernten den Wein wahrscheinlich durch die Phönizier kennen, von ihnen übernahmen die Römer den Weinbau.

Bei uns förderten die karolingischen und merowingischen Könige vor allem jene Klöster, durch die der Weinbau nach Mittel- und Norddeutschland gelangte. Dadurch sollte zunächst die Versorgung mit Meßwein gesichert werden. Dann aber gewann der Wein – wenn auch zunächst erst durch Zusatz von Honig und Gewürzen genießbar gemacht – als Getränk an Bedeutung.

Der Wein war zunächst also kein Genußmittel, sondern ein mit der Religion verbundenes Rauschgetränk. Während er in östlichen Religionen (etwa im Buddhismus oder vom Islam) abgelehnt wird, gab es z. B. bei den Griechen einen Weingott, Dionysos, dem kultische Feste gewidmet waren. Im Alten Testament galt Wein als Gottesgabe. Der Weinstock wurde zum Symbol des jüdischen Volkes. Auch in der christlichen Liturgie hat er – als Symbol für das Blut Christi – eine wichtige Bedeutung während der Abendmahlsfeier.

Viele Ärzte haben seit Jahrhunderten auch auf die Heilkräfte des Weines hingewiesen. Hildegard von Bingen empfiehlt den Wein nicht nur als Getränk – wobei sie immer darauf hinweist, das „rechte Maß" zu wahren und möglichst keine schweren Weine unverdünnt zu trinken. Viele ihrer Rezepturen gegen die unterschiedlichsten Krankheiten werden mit Wein zubereitet. Über die Weinrebe und ihre Entstehung schreibt sie:

„Die Weinrebe hat eine feurige Wärme und enthält Feuchtigkeit. Dieses Feuer ist so stark, daß es ihren Saft zu einem anderen Geschmack umwandelt als ihn andere Bäume oder Kräuter haben. Daher macht auch diese starke Feurigkeit ihr Holz so trocken, daß es anderen Hölzern beinahe unähnlich ist. Die Weinrebe ist ein der Erde abgerungenes Gehölz und ähnelt mehr den Bäumen. Weil die Erde vor der Sintflut brüchig und weich war, brachte sie keinen Wein hervor. Erst als sie durch die Sintflut begossen und gestärkt wurde, brachte sie Wein hervor." (*Physica*)

Weizen *Triticum*

Der Weizen gehört zu den Süßgräsern. Hauptsächlich wird er in Europa, Asien und Nordamerika angebaut. Unser Kulturweizen ist gekennzeichnet durch eine zähe, vielzeilige Ährenspindel. Er wird in zahlreichen Sorten als Sommer- und Winterweizen kultiviert. Man verwendet ihn hauptsächlich als Brotgetreide, aber auch zur Herstellung von Grieß, Graupen und Teigwaren sowie zur Bier- und Branntweinherstellung.

Die ältesten Weizenarten wurden bereits in der Jungsteinzeit angebaut. Man findet sie beispielsweise als Grabbeigabe in altägyptischen Gräbern. Der Weizen in der Form, wie wir ihn heute kennen, entstand in Europa vor etwa 2 500 Jahren. Da Weizen als das Brotgetreide schlechthin gilt, sind mit seinem Säen und Ernten vielerorts noch heute alte Bräuche verbunden. Damit das Vieh gesund bleibt, wird oft zu Weihnachten etwas Weizen verfüttert (welchen man möglichst während des Gottesdienstes in der Tasche getragen hat).

Hildegard von Bingen räumt ihm in ihrer *Physica* die erste Seite im Band *Von den Pflanzen* ein. Der Weizen ist für sie eine vollkommene Frucht, denn das aus ihm hergestellte Brot ist für Gesunde und Kranke gleichermaßen geeignet. Allerdings rät sie von Feinbrot ab, weil dieses dem Menschen „weder rechtes Blut noch rechtes Fleisch bereitet".

Sie empfiehlt den Weizen außerdem als Heilmittel gegen Durchblutungsstörungen im Kopfbereich, gegen Rückenschmerzen (wird in der *Gesundheitsfibel* näher besprochen) sowie gegen Hundebisse.

> „Wenn aber ein Hund mit den Zähnen einen Menschen beißt, dann nehme jener einen Teig aus Semmelmehl, der mit Eiweiß bereitet ist, und lege ihn drei Tage und ebenso viele Nächte auf den Hundebiß, damit er diesen giftigen Biß herausziehe." (*Physica*)

Sofern man sicher ist, daß der betreffende Hund keine Tollwut hat, ist dieses Verfahren sicherlich einen Versuch wert. Bei schweren Verletzungen sollte man auf jeden Fall einen Arzt aufsuchen. Da Weizen mildernd und kräftigend wirkt, ist Hildegards Rezept zu einem besseren Verheilen einer Wunde sicherlich empfehlenswert.

Weizen enthält neben Stärke, Fetten und verschiedenen Zuckerarten auch die Vitamine A, B, E und D, dazu Kalium, Mangan und Eisen.

Wermut *Artemisia absinthium*

Der Wermut ist ein Korbblütler der Gattung Beifuß. Er kommt hauptsächlich in den Trockengebieten Europas und des westlichen Asiens vor. Der aromatisch duftende Strauch wird bis zu 1 Meter hoch und enthält neben Bitterstoffen und ätherischen Ölen auch das giftige Thujon. Dabei handelt es sich um ein starkes Nervengift.

Aufgrund des Thujongehalts kommt es immer wieder zu Vergiftungen bei Menschen, die häufig Absinth (aus der Wermutpflanze hergestellten Likör oder Trinkbranntwein) zu sich nehmen. Auch bei der übermäßigen Einnahme des Wermuts (z. B. als Tee, um Eingeweidewürmer zu vertreiben – ein Verfahren, das in der Volksmedizin früher weit verbreitet war), kam es zu

Vergiftungen. Deshalb soll an dieser Stelle vor einer unvorsichtigen Verwendung des Wermuts ausdrücklich gewarnt werden. Übrigens enthält auch der von Hildegard als Wurmmittel empfohlene Rainfarn in hohem Maße den Inhaltsstoff Thujon.

Der bei uns als Wermut (Cinzano, Campari, Martini usw.) bekannte Wein wird unter Zusetzung der Wermutblüten hergestellt, die ungiftige Bitterstoffe enthalten und so den typischen Geschmack erzeugen. Die Grundlage ist immer ein feiner Muskatellerwein. Schon in alten Zeiten war der Wermut als appetitanregendes Getränk sehr geschätzt.

Seinen botanischen Namen, *Artemisia*, erhielt der Wermut nach Artemis, der griechischen Göttin der Jagd. Seit Hippokrates ist er in der griechischen Medizin als wirksames Heilmittel bekannt. Aber bereits lange zuvor kannten die Ägypter ihn. Ein Papyrus aus der Zeit um 1 500 v. Chr. nennt bereits verschiedene Rezepte mit Wermut.

Hildegard von Bingen lobt den Wermut als Heilpflanze, denn „er ist sehr warm und sehr kräftig und ist einer der wichtigsten Meister gegen alle Erschöpfungen". (*Physica*) Sie empfiehlt ihn vor allem gegen Gicht, Kopfschmerzen, Husten, Ohrenschmerzen, Zahnschmerzen und auch gegen Melancholie. Besonders den Wermutwein empfiehlt sie gewissermaßen als Allheilmittel.

„Den Nierenschmerz und die Melancholie unterdrückt er, er macht die Augen klar, er stärkt das Herz, er läßt nicht zu, daß die Lunge erkrankt, er wärmt den Magen, er reinigt die Eingeweide, und er bereitet eine gute Verdauung." (*Physica*)

Die Rezepte zur Behandlung unterschiedlicher Krankheiten mit Wermut finden Sie in der *Gesundheitsfibel* unter den entsprechenden Stichworten.

Ysop *Hyssopus officinalis*

Der Ysop gehört zu den Lippenblütlern und ist vom Mittelmeergebiet bis zum Altaigebirge verbreitet. Man kann ihn aber auch bei uns sehr gut im Garten anbauen. Der Strauch wird zwischen 20 und 70 Zentimeter hoch und hat hübsche dunkelblaue (ganz selten auch rosafarbene) Blüten. Die Blätter werden vor allem zum Würzen von Suppen und Salaten verwendet.

Im jüdischen und christlichen Brauchtum diente der Ysopstrauch zum Aussprengen des Weihwassers. In der Medizin fand er vor allem als Heilmittel gegen Lungenkrankheiten, Wassersucht, Epilepsie und Pest sowie zu Umschlägen bei der Wundbehandlung Anwendung. In der medizinischen Schule von Salerno, die stark von arabischen Ärzten beeinflußt wurde (welche wiederum das Erbe der antiken griechischen Medizinwissenschaft weitertrugen), gab es über den Ysop einen Spruch:
„Trinkst du Ysop mit Honig und Wein,
So macht er die Lunge ganz frei dir und rein.
Er läßt den bösesten Husten vergehn
Und macht dir dein Antlitz jugendlich und schön."

Hildegard von Bingen mißt dem Ysop eine sehr große Kraft bei:
„Er ist von so großer Kraft, daß sogar der Stein ihm nicht widerstehen kann, der dort wächst, wo der Ysop hingesät wird." (*Physica*)
Vor allem empfiehlt sie ihn gegen Leber- und Magenbeschwerden. Die entsprechenden Rezepte finden Sie im Band *Gesundheitsfibel*.

Auch gegen die Melancholie (Depressionen), die ja nach Meinung der antiken Ärzte ihren Sitz in der Leber hat, ist ihrer Meinung nach der Ysop gut:

„Wenn die Leber infolge der Traurigkeit des Menschen krank ist, soll er, bevor die Krankheit in ihm überhand nimmt, junge Hühner mit Ysop kochen, und er esse oft sowohl den Ysop als auch die jungen Hühner. Aber auch den in Wein eingelegten Ysop esse er oft, und diesen Wein trinke er." (*Physica*)

Zimt *Cinnamomum zeylanicum*

Der Zimtbaum gehört zu den Lorbeergewächsen und kommt in etwa 250 Arten in Südostasien und Australien vor. Am wichtigsten für die Weltwirtschaft ist der Ceylon-Zimt, dessen Rinde besonders reich an ätherischen Ölen ist und den bei uns erhältlichen Stangenzimt liefert. Zimt ist übrigens in vielen Likören enthalten, z. B. in Angostura, Boonekamp und Chartreuse.

Der Zimt gehört zu den ältesten Gewürzen, die uns auch in der Literatur überliefert werden. So wird er beispielsweise schon im „Hohenlied Salomos" den „erwählten Gerüchen" zugerechnet. Moses nennt die Zimtrinde als Bestandteil des Salböls für Hohepriester, dessen Rezept er auf dem Sinai erhielt. Auch in der Offenbarung des Johannes wird er als den „Herrlichkeiten der Welt" zugehörig geschildert.

Die Gewinnung der Zimtrinde war lange Zeit von Legenden umgeben. So hieß es im Altertum, daß der sagenhafte Vogel Phönix sie zum Nestbau benutzt habe und man diesem nur unter großen Schwierigkeiten das Material habe stehlen können. Der römische Geschichtsschreiber Plinius (23–79), aus dessen Feder viele naturwissenschaftliche Werke hervorgingen, meint allerdings schon damals, daß diese Geschichten erfunden seien. Er nennt auch den Grund: um nämlich die Preise für den Zimt in die Höhe zu treiben.

Hildegard von Bingen schreibt über den Zimt, daß er „starke Kräfte" habe und die üblen Säfte im Körper mindern, dagegen aber die guten Säfte unterstützen könne. Sie empfiehlt ihn vor allem gegen Gicht und Rheuma. Ein Mensch, der unter Gicht- und Rheumabeschwerden leidet, „nehme ein aus Stahl hergestelltes Gefäß und gieße guten Wein hinein und lege Holz und Blätter des Zimtbaumes dazu, lasse es am Feuer kochen und trinke es oft warm – so wird er geheilt werden". (*Physica*)

Da Zimtblätter bei uns kaum erhältlich sind, sollte man die wirksamere Zimtrinde – in Form von Zimtstangen – verwenden.

Auch gegen Erkältungen und grippale Infekte, bei denen es zu Atemschwierigkeiten kommt, empfiehlt Hildegard den Zimt.

„Ein Mensch, dem der Kopf schwer und stumpf ist, so daß er den Atem schwer durch die Nase ausstößt und einzieht, der pulverisiere Zimt und esse dieses Pulver oft mit einem Bissen Brot, oder er lecke es einfach aus seiner Hand. Dies löst die schädlichen Säfte auf, die den Kopf stumpf machen." (*Physica*)

Zitwerwurzel *Curcuma zedoaria*

Bei der Zitwerwurzel handelt es sich um den Wurzelstock eines asiatischen Ingwergewächses. Als Zitwer wird und wurde aber auch der „deutsche Ingwer", nämlich der Kalmus, bezeichnet. Die Hildegard-Medizin geht zwar davon aus, daß es sich bei Hildegards Angaben um den asiatischen Ingwer gehandelt hat – doch dieser war im Mittelalter sehr kostbar und teuer. Möglicherweise griff sie aber auf die bei uns heimischen Kalmuswurzeln zurück.

Kalmus (*Acorus calamus*) ist ein Aronstabgewächs, das – ursprünglich in Ostasien heimisch – in Mitteleuropa verwildert vorkommt und häufig an Gräben und Bachläufen zu finden ist. Es enthält ein ätherisches Öl, das als Magen-, Nieren- und Gallenmittel verwendet wird.

Hildegard von Bingen schreibt über den Zitwer, daß er „eine große Kraft" in sich habe. So empfiehlt sie ihn denn auch als Heilmittel gegen verschiedene Beschwerden.

Zitwer-Galgant-Wein

Gegen Gliederzittern und allgemeine Schwäche:
"Ein Mensch, der an seinen Gliedern zittert und dem es an Kraft mangelt, der schneide Zitwer in Wein und füge etwas weniger Galgant bei. Dies koche er mit ein wenig Honig in Wein. Er trinke es lauwarm, und das Zittern wird von ihm weichen und er wird seine Kraft wiedererlangen." (*Physica*)

Zitwertörtchen

Gegen Magenbeschwerden:
"Wem der Magen mit schlechten Speisen angefüllt und arg beschwert ist, der pulverisiere Zitwer und mache mit diesem Pulver und etwas Semmelmehl und Wasser ein Törtchen. Dieses koche er in der Sonne oder im abgekühlten Backofen. Dann pulverisiere er dies Törtchen und lecke das Pulver oft nüchtern, auch abends, wenn er schlafen geht, und sein Magen wird weich." (*Physica*)

Zitwerkompresse

Auch zur äußeren Anwendung empfiehlt Hildegard den Zitwer.
Gegen Kopfschmerzen:
"Wer sehr oft unter Kopfschmerzen leidet, der befeuchte Zitwerpulver und gebe es in ein feuchtes Tuch. Dieses binde er um Stirn und Schläfen, und es wird ihm bessergehen." (*Physica*)

Hildegard von Bingen – Kurzbiographie

1098 Hildegard wird als zehntes Kind einer in Bermersheim (bei Alzey) ansässigen Adelsfamilie geboren.

1106 Schon als Kind wird sie einer Klausnerin zur Erziehung übergeben. Bereits zu dieser Zeit hat sie ihre ersten Visionen.

1136 Hildegard, inzwischen Benediktiner-Nonne, wird Äbtissin.

1141 Sie beginnt unter dem Eindruck einer großen Vision mit der Niederschrift eines ihrer Hauptwerke, *Scivias* (Wisse die Wege), in dem sie eine eigene Anthropologie und Theologie entwickelt.

1150 Hildegard gründet das Kloster Rupertsberg bei Bingen.

1151 Sie beginnt die Abfassung der großen naturwissenschaftlichen Schrift *Physica* und der Heilkunde *Causae et curae*.

1158/1161 Während dieser Zeit ist Hildegard viel auf Reisen, um öffentlich zu predigen.

1179 Hildegard stirbt in dem von ihr gegründeten Kloster Rupertsberg.

Register

Abführen 100
Alant 21
Aloe 22
Andorn 23
Apfel 24
Aphrodite 24, 93, 97, 103
Apollo 69
Apotheke 12
Appetitlosigkeit 94
Aronstab 120
Artemis 116
Arzt 10
Atembeschwerden 120
Augen 25, 93
Ausschlag 21
Ayurveda 53
Azulen 13, 21

Basilikum 14, 20, 27
Bertram 27
Bilsenkraut 11
Birke 28
Birne 30
Blähungen 62, 91
Blase 25, 110
Blasenkatarrh 102
Blut 96
Bohne 18, 31
Bohnenkraut 14
Brennessel 17, 19, 32

Christrose 11

Darm 26, 32
Depression 89, 101, 103, 106, 116, 117
Dill 14, 20, 23, 36
Dinkel 36
Diodorus 42
Dioskurides 42
Durchblutung 115

Eberesche 37
Eibisch 38
Ekzem 21
Elisabeth von Thüringen 93
Epilepsie 117
Erbse 18
Eris 24
Erschöpfung 45

Fenchel 18, 39
Fieber 27, 34, 38, 41, 85, 106, 120
Fingerhut 11
Flechte 21
Frauenleiden 71
Furunkel 92

Galen 50
Galgant 41
Galilei, Galileo 8
Galle 120
Gelbsucht 51
Gerla 11
Gerste 42
Geschwür 69, 88, 93
Gewürznelke 43
Gicht 25, 44, 51, 59, 73, 86, 88, 94, 109, 110, 116, 119
Gundelrebe 44
Gurke 15

Hafer 46
Hals 23, 25, 67
Hanf 47
Haselnuß 48
Harn 96
Haut 21, 52, 66
Heilpraktiker 10
Heiserkeit 25, 101
Herbstzeitlose 11
Herodot 47

Herz 11, 41, 59
Hexe 8, 23, 29, 49, 91
Hippokrates 50, 52, 83
Hirschzunge 49
Holunder 50
Homer 83
Huflattich 51
Humelia 11
Husten 23, 52, 67, 116

Ingwer 53
Inulin 20

Jähzorn 93
Johannes 119
Johanniskraut 19, 29, 55

Kamille 10, 13, 14, 17, 19, 21
Kampfer 21, 58
Karl der Große 37, 59, 69, 85, 94, 107
Kartoffel 15, 19
Kastanie 58
Kepler, Johannes 8
Kerbel 14, 20
Kirsche 60
Klostergarten 22, 85, 94, 113
Kneipp, Sebastian 34, 46, 52
Knoblauch 61
Kohl 15, 18, 19
Kompost 19
Kopfschmerzen 30, 38, 44, 48, 59, 70, 86, 106, 112, 116, 121
Krätze 92
Kräuter
  Aufbewahrung 13
  Garten 14
  Sammeln 12
Kümmel 14, 62

Lauch 19
Lavendel 13, 14, 16, 65
Leber 40, 50, 86, 102, 118
Lein 65

Liebstöckel 16
Lilie 22, 66, 68
Lilim 11
Lochner, Stefan 105
Löwenzahn 20
Lorbeer 69
Lunge 21, 50, 65, 70, 73, 117
Lungenkraut 70

Magen 27, 32, 35, 39, 40, 48, 59, 64, 70, 73, 85, 120, 121
Magie 23, 29, 44, 49
Majoran 16
Maria 68, 99, 105
Melancholie 39, 89, 116, 117
Melisse 17, 20, 71
Menna 11
Miere 19
Migräne 30
Milz 59, 85
Minze 17, 71
Mithridates Eupator 79
Möhren 17, 18
Mohn 74
Mond 99
Mund 78
Muskatnuß 75
Myrrhe 22, 77

Naturkostladen 12
Nieren 21, 23, 29, 116, 120

Odermennig 79
Ölbaum 81
Ohnmacht 58
Ohren 23, 116
Opium 75
Ovid 73, 77

Petersilie 16, 20, 83
Petronius 34
Pfefferminze 73
Pfirsich 85
Pflaume 86

Phönix 119
Phytotherapie 10
Pindar 105
Plinius 34, 39, 51, 71, 73, 81, 119
Psaffo 11
psychosomatische Medizin 8

Quitte 88

Radieschen 16
Rainfarn 11
Raute 89
Reformhaus 11
Rettich 16
Rheuma 25, 29, 34, 119
Ringelblume 89
Roggen 91
Rose 16, 92
Rosmarin 14, 17, 18
Rote Bete 15
Rückenschmerzen 41, 115

Säftelehre 8
Sagen 11
Salat 15, 17
Salbei 18, 20, 93, 94
Sappho 92
Sauerampfer 19
Schachtelhalm 94
Schädlinge 15, 16, 18
Schafgarbe 97
Schierling 11
Schlafstörung 40
Schlaganfall 34
Schlüsselblume 99
Schnittlauch 20
Schnupfen 40, 100, 120
Schwächezustände 103
Schwarzkümmel 99
Schwindel 102
Sellerie 19
Sexualität 78, 79
Sonne 99
Stoffwechsel 29

Süßholz 100
Sysemera 11

Talmud 53
Tanne 102
Tee 10
Thymian 14, 18, 20, 103
Tollkirsche 11
Tomate 16, 17

Übelkeit 102
Ugera 11
Ungeziefer 15, 16, 18, 38, 96, 100

Veilchen 105
Verdauung 39, 54, 66, 71
Volksglaube 8

Walnuß 107
Wassersucht 117
Wegerich 19, 109
Weihrauch 111
Wein 21, 113, 121
Weinrebe 112
Weizen 114
Wermut 115
Wildkräuter 19
Wolfsmilch 11
Würmer 60, 109
Wunden 22, 43, 55, 66, 90, 97, 103

Ysop 18, 20, 117

Zahnschmerzen 116
Zaunrübe 11
Zimt 119
Zitwer 120
Zugelnich 11
Zwiebel 16

In dieser Reihe sind erschienen:

GESUNDHEITSRATGEBER

Heidelore Kluge

Hildegard von Bingen

Ernährungslehre ◆ Dinkelkochbuch
Frauenheilkunde ◆ Mond und Sonne
Edelsteintherapie ◆ Gesundheitsfibel
Pflanzen- und Kräuterkunde
Heilendes Fasten ◆ Schönheitspflege
Küche aus der Natur

MOEWIG